25/12/2008

A Wyn[illegible]

Alors [illegible]

skié [illegible]

Ils pourront aller ailleurs

que dans

VAL D'ISERE - TIGNES

HORS-PISTES / *OFF-PISTE*

l'Espace Killy !

Cordialement

Elizabeth et

Pierre

CW01657864

Dans la même collection / *In the same collection*:

"Mont Blanc, hors-pistes / mont Blanc off piste"
par François Burnier et Dominique Potard, 2008

"Les 3 Vallées, hors-pistes / off-piste"
par Philippe Baud et Benoît Loucel, 2003

"L'Alpe d'Huez, Les 2 Alpes, La Grave hors-pistes / off-piste"
par Francis Ginet et Fabrice Villaret, 2004

Photos / *Photos*
Philippe Royer

Imprimé en Italie

www.editionsvamos.com

Imprimerie Marcoz s. n. c. - Place E. Chanoux, 1
11017 Morgex - Vallée d'Aoste (Italie) - Tél. +39 0165 80 96 40

I.S.S.N. : 1159-9413
I.S.B.N. : 2-910672-07-7
Dépôt légal, décembre 2004

VAL D'ISERE - TIGNES

HORS-PISTES / *OFF-PISTE*

Jean Luc STEIGER

Guy BONNEVIE
Moniteur national de ski,
guide de haute montagne

Avec la collaboration de:
François BURNIER, Dominique POTARD
guides de haute montagne.

Traduction de **Murray BALL** (1ère partie)
Luisa STEIGER et **Nicole LEHMANN**

Remerciements à:
Philippe DE VILLENOISY, pilote d'ULM
Félix Noël BELLONE, moniteur de ski
François SIVARDIÈRE, directeur ANENA

vamos
Le Vieux Servoz - 74310 SERVOZ - FRANCE

Ce livre a été rédigé dans la tradition alpine des guides de randonnée ou d'escalade. Il s'adresse à des skieurs avertis et responsables, conscients des risques auxquels ils s'exposent en sortant du domaine balisé. Quelles que soient les précautions prises pour éviter erreurs et divergences d'interprétation, ses auteurs ne prétendent pas être infaillibles. En ce sens ils déclinent à l'avance toute responsabilité quant aux accidents qui pourraient éventuellement survenir à ses utilisateurs.

La description des itinéraires aussi précise qu'elle soit ne saurait remplacer la connaissance réelle du terrain. Les paysages de montagne sont susceptibles d'évoluer d'une année à l'autre en fonction de l'enneigement, des congères formées par le vent, des avalanches ou de l'évolution des massifs forestiers. La qualité de la neige peut rendre dangereuse pendant plusieurs jours telle ou telle descente pourtant inoffensive quelques semaines auparavant, et cette qualité ne peut être réellement appréciée qu'en fonction de l'évolution de la météo au cours de la saison.

Pour le skieur occasionnel, le citadin ou l'étranger venu de l'autre bout du monde passer quelques jours dans les Alpes, la présence d'un moniteur ou d'un guide de haute montagne reste donc dans tous les cas une nécessité que ce recueil ne saurait remplacer.

This book was written in the touring or climbing guides' alpine tradition. It is intended for well-informed and responsible skiers who are aware of the risks involved when they leave the groomed runs. Despite all the care taken to avoid any errors or misunderstandings in interpretation, the authors do not claim to be infallible. They therefore decline all responsibility for any accidents which could befall the readers using this book.

The descriptions of the itineraries, however precise they may be, cannot replace a true knowledge of the terrain. Mountain landscapes can change from year to year depending on the snow levels, snow drifts caused by the wind, avalanches or changes in the forest layouts. Poor quality snow may make certain usually very safe slopes dangerous for several days. The snow conditions can only be fully understood by looking at the evolution of the weather conditions throughout the season.

For the occasional skier, the city dweller or the foreigner traveling around the world to spend just a few days in the Alps, it is therefore necessary to hire a high mountain guide or ski instructor neither of which this book aspires to replace.

UN PEU DE VOCABULAIRE

- **Adret:** versant ensoleillé d'une vallée (opposé à l'ubac)
- **Amont:** côté montagne (en opposition à l'aval).
- **Arête:** partie plus ou moins saillante d'une montagne, séparant deux versants.
- **A.R.V.A:** appareil de Recherche des Victimes d'Avalanches, sous forme d'un petit émetteur-récepteur individuel.
- **Aval:** côté vallée.
- **Balisage:** système de signalisation des pistes.
- **Balisage central:** les piquets jalonnent le milieu de la piste.
- **Balisage latéral:** les piquets bordent la piste.
- **Barre:** barrière de rocher ou de glace.
- **Baudrier:** sorte de harnais pour l'alpinisme offrant un meilleur confort en cas de suspension.
- **Botter:** verbe indiquant que la neige colle sous les skis ou les crampons.
- **Calotte:** masse glaciaire arrondie pouvant coiffer un sommet.
- **Combe:** petite vallée en auge.
- **Contrepente:** flanc d'un couloir ou d'une combe.
- **Coulée:** petite avalanche.
- **Couloir:** passage plus ou moins étroit entre deux parois.
- **Corniche:** surplomb de neige formé par le vent sur une crête.
- **Corps mort:** objet (ski, bâton...) enfoui dans la neige pour servir d'ancrage.
- **Crevasse:** fracture d'un glacier.
- **Dévissage:** chute pour un skieur ou un alpiniste.
- **Exposé:** se dit d'un passage dangereux.
- **Face:** versant d'une montagne.
- **Gendarme:** proéminence isolée d'une arête.
- **Gobelets:** ou givre de profondeur. Cristaux de neige sans cohésion en forme de pyramide creuse de 5 mm ou plus. Constituent une zone de rupture du manteau neigeux.
- **Langue:** partie terminale d'un glacier.

- **Ligne de pente:** une balle qui descend une pente, marque la ligne de pente (ou ligne de plus grande pente).
- **Main courante:** corde fixée pour servir de rampe.
- **Métamorphose:** processus de transformation du manteau neigeux; on parle de métamorphose destructive, métamorphose constructive, et de métamorphose en gradians.
- **Miner:** déclenchement artificiel d'une avalanche par des explosifs.
- **Moraine:** débris de la montagne charriés par le glacier; sur les côtés (moraines latérales); dessous (moraine de fond); ou devant (moraine frontale).
- **"Peuf":** la poussière en parlé savoyard; désigne la neige poudreuse.
- **Plaque à vent:** couche de neige compacte, peu élastique, de densité élevée, mal solidarisée avec la sous-couche. Se forme massivement "sous le vent" (sur le versant opposé au vent) et représente le danger n° 1 pour le skieur hors-pistes.
- **Pot:** crevasse en argot montagnard.
- **Purger:** déclencher une avalanche volontairement; purger une pente.
- **Profil stratigraphique:** représentation graphique du manteau neigeux. On trouve en ordonnées la hauteur de neige au-dessus du sol (1 cm de neige = 1 mm) et en abscisses la résistance en Kg. (R 1 Kg. = 1 mm).
- **Rimaye:** ultime crevasse séparant un glacier (qui bouge) de son environnement (qui est fixe).
- **Rive:** côté d'un glacier pris dans le sens orographique du terme; ainsi "rive gauche" veut dire à gauche en descendant.
- **Séracs:** monolithes de glace que l'on rencontre aux points de rupture d'un glacier (ruptures de pente), formant chaos.
- **Sondage de battage:** technique de sondage du manteau neigeux destinée à mesurer l'épaisseur et la densité des couches.
- **Ubac:** versant à l'ombre (exposition nord) d'une vallée.
- **Varosses:** terme savoyard désignant les petits arbustes souvent présents dans les couloirs d'avalanches.

SOME VOCABULARY

- ***Adret:*** *the sunny side of a mountain.*
- ***Amont - uphill:*** *the mountain side.*
- ***Arête - ridge:*** *more or less elevated part of a mountain separating two slopes.*
- ***A.R.V.A:*** *avalanche Transceiver: a small radio transmitter/bleeper device to be worn under your clothes to help the rescue in case of avalanches.*
- ***Aval - downhill:*** *the valley side.*
- ***Balise - beacon:*** *signalling, marking out a place.*
- ***Barre rocheuse - rock barrier:*** *steep rocky section of a mountain, wider than high, made of rock bluffs, usually to be avoided.*
- ***Baudrier - harness:*** *for mountaineering. The full body harness offers better protection in case of prolonged suspension (as opposed to the sit-harness used in rock climbing).*
- ***Botter - «to boot»:*** *means that the snow balls up: it sticks to your crampons or skis.*
- ***Calotte - glacial dome:*** *at the top of a mountain.*
- ***Combe - bowl:*** *small bowl shaped valley, also used for a wide gully.*
- ***Contrepente - counter-slope:*** *side of a couloir, gully or bowl.*
- ***Coulée - snow-slide:*** *small avalanche.*
- ***Couloir:*** *narrow passage.*
- ***Corniche - cornice:*** *overhanging snow on top of a ridge.*
- ***Corps mort - anchor:*** *any object (ski, pole...) buried in the snow to use for security.*
- ***Crevasse - crevasse:*** *precipice created by the rupture of the ice on a glacier.*
- ***Dévissage - sliding:*** *falling of a mountaineer or skier.*
- ***Exposé - committed:*** *used for a potentially dangerous route or passage.*
- ***Face - side:*** *of a mountain.*
- ***Gendarme:*** *remarkable isolated rock on a ridge.*

- ***Gobelets ou givre de profondeur - depth hoar:*** *loose pyramid shaped and hollow crystals offering little cohesion to the snowpack. They constitute a rupture layer.*
- ***Langue - tongue:*** *end of a glacier.*
- ***Ligne de pente - slope line:*** *the most direct route to the bottom of a slope.*
- ***Métamorphose:*** *transformation process of the snowpack.*
- ***Moraine:*** *stones and rocks of all sizes transported by the glacier and accumulated on its sides, front and underpart.*
- ***"Peuf" - powder:*** *dust in the Savoye dialect. Used for soft light snow.*
- ***Plaque à vent - windslab:*** *layer of dense, compact and hard snow, formed by the action of the wind on the mountain side opposite to where the wind blows from. As it does not stick tightly to the underlayers, it constitutes a great danger for off-piste skiers.*
- ***Purger - purging a slope:*** *willingly starting an avalanche to avoid an accident later.*
- ***Rimaye - bergschrund:*** *the crevasse between the moving glacier and the side of the mountain.*
- ***Rive - bank:*** *side of a glacier as you go down, as on a river (left/right bank).*
- ***Séracs - seracs:*** *cascades of enormous ice monoliths created by the breaking up of a glacier where the slope angle changes, forming a chaos.*
- ***Ubac:*** *side of a mountain in the shade (facing north).*
- ***Varosses:*** *the small brush or bushes found in avalanche paths, in the Savoye dialect.*

SECOURS

NUMÉRO EUROPÉEN DES SECOURS : 112

TARENTAISE : CRS Albertville 04 79 37 89 89
P.G.H.M. Bourg-St-Maurice 04 79 07 01 10

MAURIENNE : P.G.H.M. / CRS Modane 04 79 05 11 88

PRÉVISIONS MÉTÉOROLOGIQUES

www.meteofrance.com
Répondeur météo france : 08 92 68 02 73
Montagne et neige : 08 92 68 10 20

NEIGE ET AVALANCHES

A.N.E.N.A. (Agence Nationale pour l'Etude de la Neige et des Avalanches)
Site en français : www.anena.org
I.F.E.N.A. (Institut Fédéral d'Etude de la Neige et des Avalanches)
Site en français, anglais, allemand, italien : www.sif.ch

RESCUE

EUROPEAN RESCUE NUMBER: *112*

TARENTAISE: *CRS Albertville 04 79 37 89 89*
P.G.H.M. Bourg-St-Maurice 04 79 07 01 10

MAURIENNE: *P.G.H.M. / CRS Modane 04 79 05 11 88*

WEATHER FORECASTS

www.meteofrance.com
Recorded forecast: 08 92 68 02 73
Snow and mountain conditions: 08 92 68 10 20

SNOW AND AVALANCHE AWARENESS

A.N.E.N.A. (National snow and avalanche awareness agency)
in French: www.anena.org
I.F.E.N.A. (Federal institute for the study of snow and avalanches)
in French, English, German, and Italian: www.sif.ch

LE MATÉRIEL

LES INDISPENSABLES

- **L'Arva** : Appareil de Recherche des Victimes d'Avalanches. C'est l'un des trois outils indispensables à la pratique du ski hors-pistes. Appareil émetteur-récepteur, que l'on porte en permanence sur soi pendant la sortie (placé sous les vêtements); il permet à une personne ensevelie d'être repérée, comme de localiser les disparus. Même si leur utilisation est d'une simplicité quasi enfantine (pour les appareils numériques), **un entraînement régulier est indispensable pour une manipulation efficace** : il y a 95 % de chance de sortir une victime vivante si elle est retrouvée, et dégagée de la neige, dans les quinze premières minutes. C'est peu, si on panique et qu'on ne connaît pas la procédure de recherche, mais suffisant lorsqu'on agit dans le calme, avec un minimum d'expérience. Des secours immédiatement organisés sur place par ses compagnons sont la plus sûre réaction face à une avalanche. Ne pas omettre, avant chaque sortie, de vérifier le bon fonctionnement (émission et réception) de son appareil.

- **La sonde à avalanche** : elle permet de localiser précisément la victime dans la recherche finale. En enfonçant la sonde dans la neige, de manière précise et ordonnée, on détermine la profondeur et l'emplacement exact de la victime. Il suffit alors de creuser la neige en suivant la sonde laissée en place.

- **La pelle à neige** : elle est mille fois plus efficace qu'une paire de mains ou un ski, pour creuser, évacuer la neige. Elle sera aussi d'une grande utilité pour creuser un abri dans la neige en cas de bivouac improvisé (ou pour déneiger la voiture sur le parking...).

Pelle, sonde, arva sont les outils de base du skieur hors-pistes.

IL EXISTE AUSSI :

- **L'airbag, ou ABS** : un sac à dos avec système de sécurité intégré, qui permet, par une action volontaire sur une poignée, de libérer de l'air sous pression et de gonfler de manière quasi instantanée deux gros coussins latéraux. Le volume ainsi offert va permettre au skieur de rester en partie au-dessus de l'avalanche (un peu comme le ferait une bouée de sauvetage), les corps les plus volumineux ayant tendance à rester plus facilement en surface. Ce système, qui est apparu sur le marché il y a environ une dizaine d'années, a connu un développement important en 2004. Effet de mode ou réelle avancée technologique? Indéniablement, l'Airbag amène un "plus" au niveau de la sécurité, mais il faut noter toutefois que le système ne se déclenche que sur une intervention manuelle (contrairement à l'Arva, qui lui reste en émission constante dès son activation) : action qui n'est pas évidente à faire dans une situation de stress évident.

- **L'avalung** : il est apparu plus récemment sur le marché. Cet objet que l'on installe sur soi avant le départ au ski, sépare l'air que l'on respire de celui que l'on rejette, ceci afin d'éviter l'asphyxie par inhalation de gaz carbonique, lorsqu'on est enseveli sous une avalanche. Sur le plan pratique, l'une des extrémités est placée près de la bouche (embout qu'il faut saisir et maintenir dans la bouche pendant l'avalanche !), l'autre extrémité (l'évacuation) étant éloignée des voies respiratoires. Si l'idée est bonne et fonctionne, elle est moins évidente à mettre en pratique sur le terrain.

LE "PACK" GLACIAIRE

- Un baudrier, léger, avec réglage pour les cuisses, et point d'encordement haut.
- Une corde, utile pour assurer un passage délicat, effectuer un moufla-

ge dans le cas d'une chute en crevasse : 30 m en 8,5 mm est l'usage le plus répandu.

- Des anneaux de cordelette (3 ou 4) de 1,50 m de longueur, 5 mm de diamètre. Utiles pour confectionner un dispositif de sauvetage ou des nœuds autobloquants, ils viennent en complément d'autobloquants mécaniques du style Tibloc ou Ropeman.
- Deux broches à glace minimum, pour réaliser un ancrage en cas de chute en crevasse.
- Un piolet et une paire de crampons.
- Quelques mousquetons, dont certains à vis.

LA TROUSSE DE PREMIER SECOURS

Une couverture de survie, une paire de lunettes de soleil supplémentaire, un sifflet, des chaufferettes, une pharmacie de base : bandes, médicaments personnels, élastoplast, pansements compressifs...

BOUSSOLE, ALTIMÈTRE, CARTE

Indispensables pour s'orienter, a fortiori en cas de mauvais temps.

GPS

C'est un excellent outil pour la navigation en montagne. Il demande de préparer son itinéraire, en rentrant les coordonnées des différents waypoints qui formeront la route, une fois associés. Il doit être en fonctionnement dès le départ, ceci afin d'enregistrer la route suivie et de la restituer en cas de demi-tour.

EQUIPMENT

ESSENTIAL

- ***Avalanche beacon***: *this is one of three indispensable items for off piste skiing. It is a transceiver that the skier wears permanently on his body, under his clothes, throughout any ski trip. This device allows a buried person to be found by means of a signal. Although the digital versions are quite simple to use,* ***regular training is essential***: *there is a 95% chance of finding a victim alive if he is found, and dug out of the snow, in the first 15 minutes after burial. This is not much time, especially if you panic and don't remember how to search with the beacon, but it is enough time if you are calm and have some training. Immediate rescue by those in the group is the most effective response to an avalanche. Do not forget before each ski tour to check that the beacon is working correctly in both search and transmit modes.*
- ***Avalanche probe***: *this allows a buried person to be located precisely during the final stage of the search. By probing the snow in a precise and ordered fashion, the victim can be felt in the snowpack. Then the rescuers just have to dig according to where the probe is.*
- ***Snow shovel***: *for digging, a shovel is a thousand times more effective than a pair of hands or a ski. The shovel is also very useful for digging a shelter in the snow in case you have to bivouac unexpectedly (or indeed to dig your car out of the car park...).*

Shovel probe and beacon are the basic requirements for off piste skiing.

OTHER AVALANCHE EQUIPMENT:

- ***The Airbag or ABS***: *this is a rucksack with an integral security system which, in the event of an avalanche, allows the skier to pull a handle which almost instantly sucks air into two huge lateral bags. This vol-*

ume then keeps the skier, at least in part, on top of the avalanche (a bit like a life jacket) as the more voluminous the body the more likely it is to stay on the surface.This system, which came on the market about 10 years ago, has been considerably developed recently. Fashion item or real technological advance? Undoubtedly the Airbag gives another level of security but it should be noted that the system only works by manual pulling of the handle (unlike the avalanche beacon which transmits as long as it's switched on): this manual reaction is not a given in a stressful situation.

- ***The Avalung**: this device has appeared more recently on the market. It is an object that has to be put on before you set off skiing and it separates the air that you breathe in from that which you breathe out, thus avoiding asphyxiation by inhalation of carbon dioxide if you are buried in an avalanche. One of the tubes is placed near the mouth (and this must be grabbed and put in the mouth during the avalanche), the other tube being well away from the face. A good idea which works in theory, but whose use is not so easy in real life.*

GLACIER TRAVEL GEAR

- *A harness which should be lightweight, with adjustable leg-loops and a high attachment point.*
- *A rope, which is useful for difficult sections, winching in the case of a fall in a crevasse: 30m of 8.5mm is the norm.*
- *Prussik loops (3 or 4) made of 1.5m of 5mm rope. These are useful for crevasse rescue and they complement the autobloc jumars such as Tibloc or Ropeman.*
- *A minimum of 2 ice-screws for anchors in case of a fall in a crevasse.*
- *Ice-axe and crampons.*
- *A selection of karabiners including some screw-gates.*

FIRST AID KIT

An emergency blanket, a spare pair of sunglasses, a whistle, hand warmers, basic medicaments: bandages, elastoplast, compresses, personal medicines...

COMPASS, ALTIMETER, MAP

These are essential to navigate, especially in bad weather.

GPS

This is a great tool for navigation in the mountains. You need to prepare your route by putting the co-ordinates into the GPS as different Waypoints, and then these form the itinerary. The GPS must be on from the beginning of the trip so as to record the route taken and to be able to bring it up in the case of turning back.

LES AVALANCHES

Source : **A**ssociation **N**ationale pour l'**E**tude de la **N**eige et des **A**valanches (ANENA) 15, rue Ernest Calvat - 38000 GRENOBLE - Tél. 04 76 51 39 39

PRÉAMBULE

En France une trentaine de personnes décèdent chaque année dans les avalanches. La probabilité de laisser sa vie sous la neige est estimée à environ 15% dès lors qu'on est pris dans une coulée et la chance de survie d'une victime ensevelie diminue rapidement: elle est de presque 100% dans le 1er quart d'heure (sauf blessures mortelles pendant l'avalanche, ou absence de soins vitaux), puis décroît très vite à 35% après 35 mn.

Seuls des secours immédiats et efficaces menés par les skieurs rescapés garantissent le maximum de succès.

ARVA, PELLE ET SONDE

L'ensemble ARVA-pelle-sonde est individuel (il est faux de dire qu'une pelle ou une sonde pour deux ou trois suffit) et indissociable, car l'absence de l'une de ses composantes annule le gain de temps dû aux deux autres, et compromet fortement l'efficacité du secours. L'objectif est en effet de localiser et dégager la victime ensevelie en moins de 15 minutes. Un entraînement régulier est indipensable pour utiliser avec efficacité ce matériel.

Mais attention : cet équipement n'est ni un détecteur d'avalanches, ni une protection contre les avalanches. Mieux vaut tout faire pour les éviter.

FACTEURS DETERMINANTS

Beaucoup de facteurs interviennent dans la détermination des conditions avalancheuses. Les principaux sont:

1. Le terrain - Le danger d'avalanches croît avec la pente du terrain: au-delà de 30° environ par rapport à l'horizontale, tout versant enneigé peut être instable. Et attention, on peut déclencher une avalanche en étant sur un replat, avalanche qui partira à l'amont (déclenchements à des distances parfois supérieures a 150 m!). Des terrains de très faible pente, voire horizontaux, peuvent être balayés par des avalanches venues des régions supérieures. Des bas de versant peuvent être menacés par des avalanches venues s'écraser à partir du versant d'en face.

Le danger d'avalanches dépend aussi de la nature du terrain, de son profil, de son exposition au soleil ou au vent.

2. **La neige fraîche - Une chute de neige fraîche provoque dans les jours qui suivent, et selon son importance, un accroissement du danger.**

   Si, dans les dernières 24 heures, il est tombé:

20 à 30 cm de neige	:	augmentation appréciable du danger.
30 à 50 cm	:	danger déjà sérieux dans les parties raides des parcours skiables.
50 à 100 cm	:	danger sensible menaçant déjà les tronçons exposés des voies de communication.
au-delà de 100 cm	:	danger généralisé et fréquemment étendu aux habitations situées dans des zones exposées.

3. **La structure du manteau neigeux - Des couches intérieures fragiles** rendent la couverture de neige moins stable. Une surcharge temporaire peut alors provoquer la rupture de cette couche fragile.

4. **Le vent** - Il transporte la neige et l'accumule dans les endroits abrités sous forme de **"plaques"** particulièrement dangereuses.

   Un **vent chaud** (fœhn) accroît le plus souvent le risque (surtout si la durée du phénomène est prolongée).

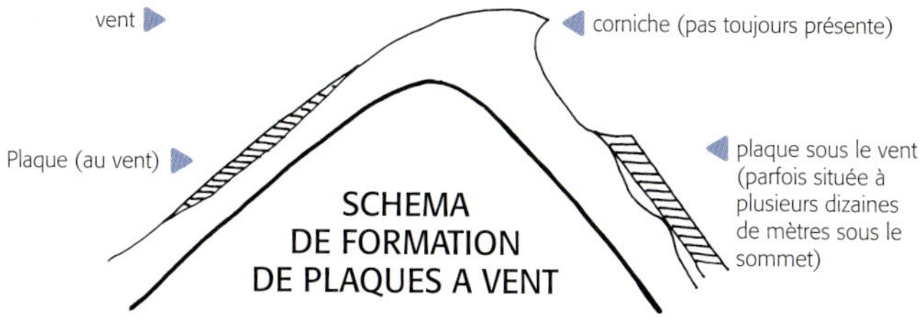

5. La température

a) Pour la neige froide et sèche. Par basse température, au-dessous de 0° C, le danger d'avalanches peut persister pendant plusieurs jours après la fin de la chute.

b) Une élévation de température (notamment au-dessus de 0° C) augmente le risque immédiat d'avalanches, mais provoque aussi le tassement de la neige (consolidation).

c) L'alternance de dégel diurne et de regel nocturne provoque la formation des croûtes superficielles; lorsque cette **croûte** est suffisamment épaisse, il n'y a pratiquement plus de danger, même si la couche superficielle se met à fondre sur quelques centimètres d'épaisseur.

d) Pour les **neiges de printemps**, détrempées par la fonte due à l'ensoleillement, ou par la pluie, le risque croît avec la déclivité et avec l'épaisseur de la couche détrempée.

e) Les **plaques** formées par le vent doivent être considérées comme dangereuses à toute température.

D'une façon générale, **neige fraîche, vent et hausse de température** sont des facteurs déterminants capables de provoquer une situation dangereuse sur une pente qui a pu, pendant une période prolongée, présenter un caractère de sécurité.

AVALANCHES

Source : Association Nationale pour l'Etude de la Neige et des Avalanches (ANENA) 15, rue Ernest Calvat - 38000 GRENOBLE - Tél. 04 76 51 39 39

INTRODUCTION

In France around 30 people die in avalanches each year. The chance of being killed in the snow is estimated at about 15% once you are in an avalanche and the chance of survival once buried diminishes very quickly from almost 95% in the first 15 minutes (unless the avalanche has caused fatal injury) to 35% after 35 minutes.
Only immediate and affective rescue, carried out by skiers who have escaped the avalanche, can result in the maximum chance of survival.

AVALANCHE BEACON, SHOVEL AND PROBE

Each person should have an avalanche beacon, shovel and probe. It is wrong to say that a shovel or a probe between two or three people is sufficient. The absence of one of these pieces of kit undermines the efficacy of the others and compromises the rescue. The objective is to find and then dig out the buried victim in less than 15 minutes. Regular training is essential for this.
But beware: this gear is neither an avalanche detector nor an avalanche deterrent. Better to avoid avalanches in the first place.

DETERMINING FACTORS

Many factors are involved in the condition of the snow and the likelihood of avalanches. The main ones are:

1. **The Terrain** - *The risk of avalanche increases with the angle of slope: beyond 30°, all snowy slopes can be unstable. You can also set off an avalanche from slopes above when you're on a flat, from as far away as 150m. Very gentle slopes can be swept by avalanches coming from above, whilst lower slopes can be threatened*

by avalanches coming down from slopes opposite.
The risk of avalanche also depends on the nature of the terrain, its profile, its aspect and on the wind.

2. ***Fresh snow - after recent snowfall the risk can increase in the following days.***
   If in the preceding 24 hours the fresh snowfall was:

20 - 30 cms of snow	:	*significant increase in risk.*
30 - 50 cms	:	*serious danger on steep slopes for skiers.*
50 - 100 cms	:	*high risk, threatening exposed roads and railways.*
More than 100 cms	:	*generalised high risk, even for habitations in exposed areas.*

3. ***The structure of the snow-pack. Fragile layers within the snow-pack*** *make the surface of the snow less stable. Temporary weighting of the snow can then cause this fragile layer to break.*
4. ***Wind*** *- It transports the snow and deposits it on sheltered slopes, causing the build-up of "slabs" which are particularly dangerous. A warm wind (foehn) usually increases the risk, especially if it continues for some time.*
5. ***Temperature***
   a) *For cold and dry snow. In low temperatures, below 0°C, the risk of avalanche can last for several days after the snowfall.*
   b) *A rise in temperature (notably above 0°C) increases the immediate risk of avalanche, but also causes the snow to pack down and stabilise (consolidate).*
   c) *Daily thawing and nightly freezing leads to the formation of surface crust on the snow-pack. When this crust is sufficiently thick there is practically no risk of avalanche even if, for a few cms depth, the surface starts to melt.*

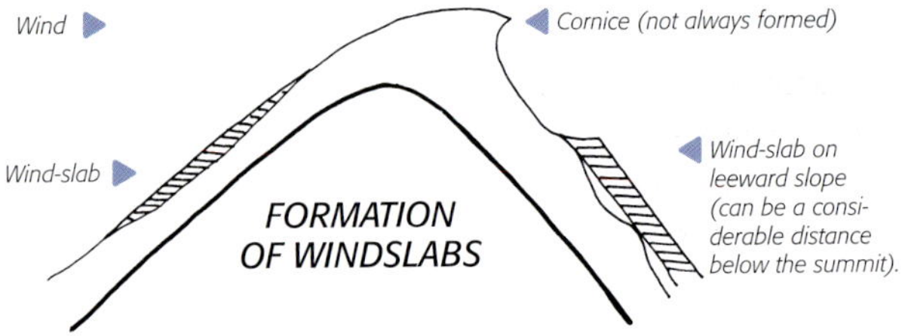

*d) For **spring snow**, softened by sun or rain, the risk increases according to the slope and the depth of the pack.*

e) Slabs formed by the wind should be considered high risk whatever the temperature.

*In general **fresh snowfall, wind and a rise in temperature** are important factors which can make dangerous a slope which has been relatively safe for some time.*

CONDUITE D'UNE DESCENTE

Contrairement au ski de piste, où chacun peut évoluer où bon lui semble grâce au balisage et à la signalisation du moindre danger, la sécurité en hors-pistes dépend en grande partie de l'attitude collective du groupe: organisation, discipline, choix de la trace.

Organisation du groupe:

- skier par petit groupe de 3 à 6 personnes de niveau homogène. Trois personnes permettent de faire face à un accident (alerte et recherche d'une victime);
- les skieurs les plus expérimentés ouvrent et ferment la marche;
- prévoir de fréquents arrêts-regroupements afin de ne jamais laisser un skieur à la traîne.

Discipline du groupe:

- le skieur de tête recherche l'itinéraire, identifie les dangers, donne des consignes de sécurité au reste du groupe (distance d'espacement, respect de la trace, etc...);
- le groupe doit se rassembler en amont du skieur de pointe. En cas d'arrêt d'urgence (crevasse) il est préférable de ne pas le dépasser...

Faire la trace: l'itinéraire le plus sûr n'est pas toujours le plus court ni le plus logique. D'un endroit à l'autre les risques ne seront pas les mêmes. Quelques principes doivent guider vos choix:

- contre-pente, rupture de pente, où se forment plaques à vent et accumulations, doivent être évitées;
- les pentes irrégulières sont plus sûres que les pentes uniformes;
- éviter les longues traversées à flanc de pente;
- préférer les croupes neigeuses; les pentes parsemées d'îlots rocheux;
- si une traversée est obligatoire, la tenter le plus haut possible.

Conseils:

dans les zones estimées dangereuses, ne s'engager qu'un à un, d'abri en abri (arbre, rocher...); on observe le skieur en action. On ôte: les dragonnes des bâtons et une bretelle du sac à dos. On s'habille chaudement.

LE SKI SUR GLACIER

Dès qu'on aborde la haute montagne, les compétences d'alpinisme doivent compléter les qualités de skieur. Le concours d'un guide professionnel est, à nos yeux, la solution la plus sûre pour débuter l'apprentissage d'un milieu aussi hostile. Le glacier ajoute des dangers supplémentaires aux risques d'avalanches: les crevasses, les dévissages sur la glace, et les chutes de séracs.

- **Les crevasses**: l'ennemi numéro 1. Si les plus grosses sont identifiables à condition de maîtriser sa vitesse (on a secouru en même temps jusqu'à trois personnes tombées dans la même crevasse!); la plupart du temps, elles sont recouvertes par la neige, formant des ponts qui peuvent céder sous le poids des skieurs.
- **Dévissage sur glace**: les zones raides des glaciers, langues terminales, dômes, sont à aborder avec prudence. Une simple pellicule de neige peut en effet recouvrir la glace vive.
- **Les séracs**: les glaciers bougent et des masses énormes de glace peuvent être déséquilibrées à tous moments.

Conseils:
- s'assurer de l'enneigement du glacier avant de descendre (éviter les débuts d'hiver);
- skier tôt le matin, quand le froid soude les ponts de neige;
- rester maître de sa vitesse;
- ne jamais déchausser les skis, même pour une urgence;
- sonder du bâton les ponts suspects - s'encorder si nécessaire;
- franchir les ponts de neige avec une certaine vitesse pour ne pas s'arrêter dessus.

SKIING OFF PISTE

Unlike skiing on piste where each skier can go where he likes thanks to the groomed pistes, defined limits and signs whenever there is the slightest danger, security off piste depends largely on the collective behaviour of the group: organisation, discipline and the choice of route.

Group organisation:

- *Ski in small groups of 3 - 6 people of similar ability. Three people are necessary to deal with an accident (calling for rescue and searching for the victim).*
- *More experienced skiers should lead the group and bring up the rear.*
- *Plan for frequent stops to regroup so that no skiers get left behind.*

Group discipline:

- *The lead skier chooses the route, points out dangers and gives advice for security to the rest of the group (keep a reasonable distance and stick to the route).*
- *The group should always regroup above the lead skier. In the case of an emergency stop (crevasse) it's preferable to not go past the lead skier.*

Route choice: *the best route is not always the shortest nor the most logical. From one place to another the risks will not be identical. Some basic principles should influence your choice of descent route:*

- *Avoid: the steep slopes at the sides of gullies, slopes where the angle changes, slopes where wind-slab forms and slopes where drifts accumulate.*
- *Irregular slopes are less dangerous then uniform slopes.*
- *Avoid long traverses across the hillside.*
- *Try to choose snowy cwms and slopes scattered with rocks.*
- *If a traverse cannot be avoided aim to stay as high as possible.*

Advice:

on risky slopes only go one at a time, from one safer spot to another

- such as a tree or a rock. Watch the skier who is descending. Remove pole straps and undo rucksack waist straps. Dress warmly.

SKIING ON GLACIERS

As soon as you venture into the high mountains, mountaineering skills will be called for in addition to those required for skiing. In our opinion the best way to learn these skills is to hire a professional Guide. Glaciers bring their own additional dangers to those of off piste skiing, such as crevasses, slipping on ice and serac falls.

- ***Crevasses:** enemy number one. Whilst the biggest crevasses can be avoided so long as your skiing speed is controlled (we have rescued up to 3 people from the same crevasse!), most of the time crevasses are covered by snow which forms snow bridges which can give way under the weight of a skier.*
- ***Slipping on ice:** steep areas of glaciers, such as the snouts and convex slopes, should be approached with care. A thin layer of snow can cover sheet ice.*
- ***Seracs:** glaciers move and huge ice cliffs can tumble down at any time.*

Advice:

- *Find out if the glacier has good snow cover before descending (avoid early winter).*
- *Ski early in the morning when the snow bridges are well-frozen.*
- *Control your speed.*
- *Never take off your skis even in an emergency.*
- *Probe suspect snow bridges using your ski pole - rope up if necessary.*
- *Cross snow bridges with some speed so as not to grind to a halt in the middle.*

QUE FAIRE EN CAS D'ACCIDENT?

On peut distinguer 3 types d'accidents dans la pratique du hors-pistes. Les chutes en crevasse, les ensevelissements par avalanche, et les traumatismes dûs à une mauvaise chute. Toutefois, avant de voir chacun de ces cas, voici un ensemble de conseils valables pour toutes les situations. Tout d'abord la règle que l'on apprend dans les stages de secourisme pour ordonner son action en cas d'accident est aussi valable en montagne, à savoir; PROTEGER, ALERTER, SECOURIR.

- PROTEGER:

  C'est à dire mettre la victime hors de nouveaux dangers; à l'abri d'une éventuelle coulée, dans un endroit où elle ne risque pas de dévisser; la couvrir chaudement; on marquera sa position par des skis plantés croisés 6 ou 7 mètres en amont, pour éviter que d'autre skieurs puissent la percuter. C'est aussi protéger les autres personnes : éviter le sur-accident.

- ALERTER:

  Si des professionnels (guides, moniteurs) sont à proximité, alertez-les: ils ont probablement une radio qui leur permettra de prévenir aussitôt les secouristes. Sinon, localisez parfaitement l'endroit où vous êtes, rassurez la victime et rejoignez la remontée mécanique la plus proche, où l'employé donnera l'alerte; fournissez-lui un maximum de renseignements, notamment sur la nature du traumatisme. Surtout, en prévenant les secours, ne confondez pas vitesse et précipitation. Il n'est malheureusement pas rare qu'un accident survienne à une personne tentant de donner l'alerte. En tout état de cause le fil conducteur de votre action doit être de ne pas aggraver la situation par une action désespérée, mais plutôt d'agir avec logique et froideur, même si cela, bien évidemment, n'est pas facile à réaliser sous le coup de l'émotion. S'il n'y a pas de remontées mécaniques joignables, gagner le point le plus proche où vous pourrez téléphoner: PGHM de Bourg-Saint-Maurice 04 79 07 01 10, CRS Albertville 04 79 37 89 89.

- SECOURIR:

  On verra plus loin les particularités de chaque situation. En ce qui concerne l'intervention des secouristes, il est probable qu'elle s'effectuera en hélicoptère. Voici, sur ce point, les conseils d'usage à respecter scrupuleusement:
  - la zone où l'hélicoptère va intervenir doit être la plus plate possible - si c'est envisageable déplacer la victime - et préférer une proéminence à un creux;
  - calez tout ce qui peut s'envoler et réunissez les skis à plat (sauf ceux qui, bien en amont, délimitent la zone d'intervention);
  - utilisez les signes conventionnels de demande de secours (voir schéma);
  - placez-vous bien en vue, vent dans le dos, les bras en V (si vous ne parvenez pas à être localisé, agitez un anorak);
  - quand l'hélicoptère s'approchera, posez un genou à terre, baissez les bras, mais ne partez surtout pas: vous êtes son seul point de repère à cause de la neige qui vole et supprime toute visibilité;
  - dès lors, faites-leur absolument confiance: ce sont des spécialistes hors pair. Sachez toutefois qu'un hélicoptère s'aborde toujours par l'avant de façon à être dans le champ visuel du pilote, et que l'on y rentre toujours par son côté gauche.

CAS D'UNE CHUTE EN CREVASSE:

Si vous êtes bon alpiniste, pas seul, correctement équipé et aguerri aux manœuvres de cordes, effectuez un mouflage de surface. Sinon rassurez, autant que faire se peut, la victime: il est possible que vous ne l'entendiez pas mais qu'elle vous entende. Ne vous approchez surtout pas du bord, qui pourrait s'effondrer. Essayez d'alerter d'autres skieurs. Si vous êtes seul, localisez bien le lieu de l'accident: marquez la crevasse d'affaires solidement amarrées et bien visibles. Et partez, avec un maximum de prudence, prévenir les secours.

CAS D'ACCIDENT PAR AVALANCHE: (document A.N.E.N.A.)

Chaque situation d'accident d'avalanche est un cas particulier. Il serait donc tout à fait illusoire de vouloir décrire l'ensemble des comportements à adopter. De plus, face à une telle situation, vos réactions sont imprévisibles : instinct de survie ou paralysie. Difficile voire impossible de dire à l'avance comment l'on réagira. D'autant plus que tout va très vite et que la force de l'avalanche est souvent supérieure aux vôtres.

Toutefois, l'analyse de situations types permet de créer un canevas que vous pourrez adapter aux circonstances réelles.

En clair, nous ne vous proposons pas d'appliquer des recettes, mais d'apprendre à en confectionner : lorsque l'accident survient, il est bien souvent trop tard pour réfléchir. Seuls les réflexes peuvent vous aider. Il faut penser à agir vite et surtout garder la tête froide. C'est pourquoi il est bon d'avoir déjà réfléchi à ces situations, que l'on aimerait bien ne jamais rencontrer. En effet, malgré toutes les précautions prises (qui minimiseront les conséquences d'un accident), il subsiste toujours un risque résiduel.

VOUS ÊTES TÉMOIN D'UN ACCIDENT D'AVALANCHE :

Que faire pendant l'avalanche ? Observer :

- Que vous êtes à l'abri (de cette avalanche ou d'une autre), sinon mettez-vous en lieu sûr.
- Le point de disparition de la (des) victime(s) de l'avalanche et la trajectoire imaginaire qu'elles suivent, car elles peuvent réapparaître : suivez des yeux les victimes pour repérer les endroits où elles disparaissent et surtout le dernier (on fera les recherches à l'aval de ce point).

Que faire quand l'avalanche s'arrête ? Organiser les secours :

- L'approche de l'avalanche se fait, si on arrive par l'amont, par le haut (éviter de faire partir une deuxième avalanche à l'amont ou sur les bords de la première), ce qui permet également de récupérer les objets perdus par les victimes et d'en noter l'emplacement. Déplacement à pied ou à skis en fonction de la qualité de la neige.

Vous êtes seul :

- Marquez l' (les) endroit(s) où la (les) victime(s) a (ont) été vue(s) pour la dernière fois (= dernier point de disparition de la victime); si vous avez une radio ou un téléphone (n° 112), alerter les secours.
- Cherchez "frénétiquement" pendant 15 minutes :
  - en aval du dernier point de disparition de la victime;
  - dans les zones préférentielles (replats, creux, amont des rochers, des arbres, bordures);
  - avec votre ARVA;
  - avec vos yeux pour découvrir des indices de surface (ski, bâton, gant, chaussure, sac à dos, etc.);
  - éventuellement avec vos oreilles pour entendre des cris, des coups de sifflets, etc.;
  - avec une sonde de fortune (sondes, bâtons-sondes, bâtons, skis, etc.).
- Marquez les endroits où vous découvrez des objets perdus par les victimes et sondez-les.
- Après 10 à 15 minutes de recherches infructueuses, partez chercher les secours si vous n'avez pu les alerter avant.

Vous êtes plusieurs :

- Nommez un "chef d'opération" qui coordonnera les recherches, mais si possible n'y participera pas. Il s'agit du plus expérimenté ou du plus calme.

- Mettez en place un guetteur pour avertir dans le cas où une deuxième avalanche se produirait.
- Evaluez l'ampleur de l'avalanche et le nombre précis de victimes ensevelies.
  Si vous êtes assez nombreux, envoyez 1 (ou mieux 2) personne(s) donner l'alerte (ou la donner directement si vous avez une radio ou un téléphone). Sinon cherchez vivement pendant 15 minutes puis, sans résultat, alertez, après avoir balisé le terrain (pour que les secours puissent le reconnaître) et surtout le dernier point de disparition de la (des) victime(s).
- Marquez le(s) endroit(s) où la(es) victime(s) a (ont) été vue(s) pour la dernière fois (= dernier point de disparition).
- Faites un dépôt de votre matériel pour qu'il n'y ait pas de confusion avec les objets perdus par les victimes.

Commencez les recherches :

- En aval du dernier point de disparition de la victime.
- Dans les zones préférentielles (replats, creux, amont des rochers, des arbres, bordures);
  - avec votre ARVA;
  - avec vos yeux pour découvrir des indices de surface (ski, bâton, gant, chaussure, sac à dos, etc.);
  - éventuellement avec vos oreilles pour entendre des cris, des coups de sifflets, etc.;
  - avec une sonde de fortune (sondes, bâtons-sondes, bâtons, skis, etc.).
- Marquez les endroits où vous découvrez des objets perdus par les victimes et sondez-les.

VOUS ÊTES PRIS DANS UNE AVALANCHE :

Que faire pendant l'avalanche ?

1. L'avalanche part en amont de votre position.

Il faut tenter de s'échapper latéralement, pour éviter d'être rattrapé (et ne pas essayer de prendre de vitesse l'avalanche, en skiant droit dans la pente, l'avalanche vous rattrapera quasi-inévitablement).

Si nécessaire, prendre un peu de vitesse en plongeant droit dans la pente, skis écartés, puis rejoindre le plus vite possible un des bords de la zone d'écoulement de l'avalanche (zone protégée = zone à l'abri, neige stable). Cette fuite latérale réclame sang-froid et grande maîtrise de l'équilibre à skis. Elle nécessite une certaine distance entre l'avalanche et vous-même pour que vous ayez le temps de fuir. Le résultat n'est donc pas garanti, d'autant qu'il est très difficile d'estimer les dimensions de l'avalanche en quelques fractions de secondes, mais mieux vaut tenter quelque chose que d'attendre en ne faisant rien.

2. L'avalanche part sous vos skis.

- Gardez votre sang froid.
- Tentez de fuir latéralement. Cela pose les mêmes problèmes que précédemment, à ceci près, qu'en plus, vous skiez sur une neige en mouvement et que la chute est d'autant plus probable. Si tel est le cas, on a vite fait d'entrer dans l'avalanche plutôt que d'en sortir !
- Evitez l'ensevelissement.
- Essayez d'enlever les lanières des skis (ou du snowboard) et les dragonnes des bâtons de ski (si ce n'est déjà fait !).
- Essayez de vous débarrasser de vos skis (ou du snowboard).
- Votre sac à dos : s'il est lourd, essayez de l'enlever (il gène la mobilité, vous alourdit, donc vous enfonce); s'il est léger : gardez-le (il vous protègera contre les chocs puis contre le froid).

- Restez en surface en :
  - vous allongeant et prenant appui sur la neige ou des blocs portants;
  - nageant (faire de grands mouvements) dans la neige non portante;
  - protégez vos voies respiratoires (ne pas avaler ou respirer de la neige).
- Fermez la bouche (ne pas crier).
- Protégez votre nez et votre bouche avec vos mains, vos bras, le col de la fourrure polaire, de la veste...
- Essayez de vous cramponner à tout obstacle pour éviter d'être entraîné.

Que faire quand l'avalanche s'arrête ?

- Détente du corps : créer un espace autour de soi.
- Se faire une poche d'air devant le visage avec les mains et les bras (les replier devant le visage).
- Si possible (mais c'est contradictoire avec le point précédent), essayez de tendre un bras ou un bâton de ski vers la surface pour qu'il dépasse de la neige (votre localisation par vos compagnons sera visuellement très rapide).
- Garder son calme et le moral (minimise la consommation d'O_2), être confiant dans les secours (même si vous êtes seul : on vous a peut-être vu).
- Si possible, creuser vers le haut pour se dégager (pour repérer le haut, si la lumière ne traverse pas la couche de neige qui vous recouvre, on peut saliver ou uriner, mais ce dernier cas augmentera les déperditions de chaleur à cause des vêtements mouillés);
- Ne pas s'essouffler en criant. Emettre plutôt des sons brefs et aigus. Le mieux est d'avoir un sifflet.

EN CAS DE TRAUMATISME DÛ À UNE CHUTE:

Si vous pouvez demeurer sur place tandis qu'une autre personne est partie alerter les secours, il vous est à présent possible d'apporter les premiers soins à la victime. Là encore, ne tentez pas l'impossible, mais contentez-vous des actes dont vous êtes absolument sûr; et surtout éviter de déplacer votre compagnon s'il y a risque de traumatisme de la colonne vertébrale.

ALERTER LES SECOURS EST UN ACTE GRAVE. SEUL UN ACCIDENT AUQUEL, A L'EVIDENCE, ON NE PEUT FAIRE FACE SEUL JUSTIFIE LA MISE-EN-OEUVRE DE CE GENRE D'OPERATION, SOUVENT PERILLEUSE.

SIGNAUX DE DÉTRESSE

Se tenir debout,
bras levés, immobile

Carré de tissu rouge
d'un mètre de côté
avec un cercle blanc

Fusée rouge de détresse,
très efficace, surtout la
nuit. En vente dans les
magasins de sport
spécialisés

Nous demandons du secours

Se tenir debout, un seul
bras levé, immobile

Nous n'avons besoin de rien

WHAT TO DO IF THERE IS AN ACCIDENT.

Off-piste skiing can lead to 3 types of accidents: falls in crevasses, burial in an avalanche, and injuries due to a bad fall. Before studying each of these individual situations, here is some general advice which is valid for all mountain accidents. The basic rules of first aid are equally applicable in the mountains: PROTECT, ALERT, RESCUE.

- *PROTECT:*

  Ensure the victim is out of any further danger: sheltered from avalanches; in a place where he won't slide; kept warm. Mark the position of the victim with skis stuck upright in the snow 6 - 7metres above, to warn other skiers. Also protect other members of the group so as to avoid further accidents.

- *ALERT:*

  If there are professionals (Guides or ski instructors) nearby, alert them: they probably have radios and can quickly call the rescue services. If not, carefully mark the area where you are, reassure the victim and then head for the nearest lift where the lift worker will be able to call the rescue; have with you all the information you can, notably the nature of the accident. Take your time when calling the rescue. Sadly it is not uncommon for the person calling the rescue to have an accident himself. Do not aggravate the situation by acting precipitously; remain calm and level headed, even if this is easier said than done. If there are no lifts nearby get to the nearest telephone. P.G.H.M. Bourg St. Maurice 04 79 07 01 10, CRS Albertville 04 79 37 89 89.

- *RESCUE:*

  Later we will explain details for different situations. Most rescues will take place by helicopter. Here are some rules to follow:

  - *The landing zone for the helicopter must be as flat as possible - if the victim can be moved - and a rise is preferable to a hollow.*

- *Tie down everything that could blow away and put skis flat, (except those above which define the rescue area).*
- *Use the accepted helicopter rescue symbols (see diagram).*
- *Make yourself visible, with your back to the wind, arms in a V (if you can't make yourself seen shake an anorak).*
- *When the helicopter approaches get down on one knee, lower your arms, but do not leave: you are the only reference point for the pilot because the snow blowing all around reduces his visibility.*
- *From then on leave it entirely up to the rescue crew. Bear in mind that a helicopter is always boarded from the front so as to always be in the pilot's sight, and that you get in from the left side.*

CREVASSE FALLS:

If you are an experienced alpinist, not alone, well-equipped and versed in the techniques of crevasse rescue, set up a pulley system from the surface. If not, reassure the victim as well as you can: it's possible that you can't hear him but he can hear you. In no circumstance should you approach the edge of the crevasse which could collapse. Try to alert other skiers. If you are alone, define the area of the accident: mark the crevasse with solid objects, anchored and visible. Then leave, with extreme care, to call the rescue.

IN CASE OF AN AVALANCHE ACCIDENT:

(taken from A.N.E.N.A. document)

Each avalanche accident is unique and therefore we cannot describe exactly what actions to take. Moreover, in an avalanche situation a person's reactions are unpredictable, ranging from a survival instinct to the inability to react. An avalanche can happen very quickly and with enormous force.

Nevertheless the study of typical avalanche situations can help to create an action plan which is useful. When an accident happens it's too late to think about what to do, only reflex actions can help. You need to act quickly and to keep calm. This is why it is important to have thought about such situations in advance, albeit situations that you hope to never actually encounter. Even if you take all reasonable precautions, which will reduce the chances of an accident, there is always some risk.

IF YOU SEE AN AVALANCHE ACCIDENT:

What to do during the avalanche.

- *Be sure that you are sheltered from this avalanche and any others that might happen.*
- *Watch for the last point where the victim(s) was visible and study the probable line that the victim has taken from there on, because a buried victim can pop out again. The last seen place of the victim defines the upper limit of the search area.*

What to do when the avalanche stops. *Organise the rescue:*

- *Approach the avalanche, if it is below you, from the top (be careful not to set off another avalanche above or to the sides) which allows you to find lost objects from the victim(s) and to note their position. Move around on foot or on skis according to the snow.*

If you are alone:

- *Mark the spot(s) where the victim(s) was last seen (the last place where he disappeared); if you have a radio or a telephone (112) call the rescue.*
- *Search "frantically" for 15 minutes:*
  - *below the last point where the victim was seen.*
  - *especially in the most likely terrain: flat, hollow, above rocks, trees and the edges of the slope.*

- *with your avalanche beacon*
- *with your eyes to find anything on the surface (ski, pole, glove, shoe, sac etc.)*
- *listen for cries or whistles.*
- *Probe with whatever you have (probe, pole, probe-pole, ski etc.)*

- *Mark the places where you find objects lost by the victims and probe there.*
- *After 10 - 15 minutes of searching, if the victim(s) has not been found go to get the rescue, if you have not already called them.*

If you are in group:

- *Designate a leader who will organise the search, but if possible will not participate. This person should be the most experienced or the most level headed.*
- *Elect someone to be a look-out to warn the others if a second avalanche comes down.*
- *Evaluate the size of the avalanche and the number of buried victims. If there are enough of you, send one person (or even two) to call the rescue (call directly if you have a radio or telephone). If not, search intensively for 15 minutes then, if there is no result, go for the rescue after having marked the avalanche, so that the rescuers can recognise it and especially be sure to mark the last place where the victim(s) was seen.*
- *Mark the place(s) where the victim(s) was last seen.*
- *Put your own equipment in a place away from the avalanche so this will not be confused with that of the victim(s).*

Start the search:

- *Below the last place the victim was seen.*
- *Especially in the most likely terrain: flat, hollow, above rocks, trees and the edges of the slope.*

- *with your avalanche beacon*
- *with your eyes to find anything on the surface (ski, pole, glove, shoe, sac etc.)*
- *listen for cries or whistles*
- *probe with whatever you have (probe, pole, probe-pole, ski etc.)*

• *Mark the places where you find objects lost by the victim(s) and probe there.*

IF YOU ARE IN AN AVALANCHE:

What to do during an avalanche

1. The avalanche comes from above you.

You must try to escape to the side, to avoid being caught up in the avalanche (don't try to out-ski the avalanche by taking the fall-line as the avalanche will almost certainly catch you).

If necessary get up some speed by heading straight down the fall-line ski apart, then head as quickly as possible to the edge of the avalanche zone (protected zone = sheltered area or stable snow).

This sideways escape requires level headedness and good balance on your skis. It requires a certain distance between yourself and the avalanche giving you the time to escape.

The result is not guaranteed as it is difficult to estimate the size of an avalanche in a fraction of a second, but it's better to try than to wait and do nothing.

2. The avalanche sets off under your skis.

- *Keep your cool*
- *Try to escape sideways. The problems with this are described above and in addition you will be skiing on snow that is moving and thus a fall is more likely. If this happens you will be embroiled in the avalanche more quickly rather than escaping!*

- *Avoid becoming buried:*
- *Try to remove the straps on your skis (or snowboard) and the straps on your ski poles (if you haven't already).*
- *Try to take off your skis (or snowboard).*
- *Your rucksack: if it's heavy, try to take it off as it restricts mobility, makes you heavier and therefore drags you down under the snow; if it's light: keep it as it will protect you against impact and against the cold.*
- *Remain on the surface:*
    - *By lying down pressing on snow that holds your weight.*
    - *By swimming (making wide movements) in snow that doesn't hold your weight.*
    - *By protecting your airways (don't swallow or breathe in snow).*
- *Close your mouth*
- *Protect your mouth and nose with your hands, your arms, the collar of your jacket...*
- *Try to grab any obstacle to avoid being dragged down.*

What to do when the avalanche stops.

- *Relax your body and create a space around yourself*
- *Make an airspace in front of your face with your hands and arms (fold them in front of your face).*
- *If possible (but it contradicts the precedent point) try to stretch out an arm or ski pole towards the surface so as to break through the snow (your companions will find you visually far more quickly).*
- *Keep calm and positive (to minimise your consumption of 02). Have confidence in the rescuers (even if you're alone, someone may have seen you).*
- *If possible dig upwards to get air (to find the right direction, if light cannot filter through the layer of snow burying you, you can salivate*

or urinate, but the latter will increase heat loss due to wet clothing).

- *Do not get out of breath crying out. Rather make short sharp sounds. Even better, use a whistle.*

WHAT TO DO IF THERE IS AN INJURY AFTER A FALL.

If you can stay with the victim whilst someone else goes for help, you can apply first aid to the victim. Do not attempt the impossible, just perform the basic first aid that you are sure of. Most importantly, do not move the victim if there is a risk of damage to the spinal column.

CALLING THE RESCUE IS A SERIOUS THING TO DO. ONLY AN ACCIDENT WHICH CANNOT BE DEALT WITH BY THE GROUP JUSTIFIES A RESCUE CALL-OUT WHICH CAN OFTEN BE DANGEROUS FOR THOSE INVOLVED.

DISTRESS SIGNALS

Stand upright with arms in the air, not moving

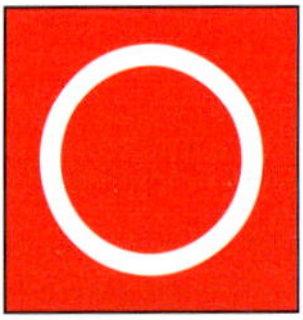

Lay out a 1 metre square of red cloth with a white circle in the middle.

Red dishess flare, very useful especially at night. Found at specialised sports shops.

To indicate that you need rescuing

Stand upright with only one arm in the arm, not moving

To indicate that you do not need rescuing

LE BULLETIN D'ESTIMATION DU RISQUE D'AVALANCHE (B.R.A)

Il fait référence à l'échelle européenne de risque d'avalanche et sa mise à jour est faite quotidiennement. Il concerne une zone géographique donnée. La terminologie employée reste compréhensible par tout un chacun mais rend compte d'une réalité souvent très complexe. Nous vous invitons à **lire et à relire la définition** de cette échelle pour en saisir les subtilités.

Les indications fournies par le BRA seront ainsi confrontées aux paramètres des itinéraires projetés notamment l'inclinaison, l'orientation et l'altitude. Le BRA reste l'information déterminante autour de laquelle sera construit le programme de la journée.

L'indice de risque de 3/5 n'est pas un indice moyen qui équivaudrait à un «feu vert» sur toutes les pentes du massif. Trois est un risque marqué avec «déclenchement possible par faible surcharge». Sur une même zone géographique, les conditions de stabilité du manteau neigeux peuvent-être très contrastées: c'est à ce niveau d'indice que l'on compte le plus d'accidents.

France:

Météo: 08 92 36 68 02 74

Bulletin neige et avalanches: 00 33(0)8 92 68 10 20

www. meteofrance.com

ECHELLE EUROPEENNE DE RISQUE D'AVALANCHE

à l'intention du public pratiquant la montagne hors des pistes balisées et ouvertes

Indice du risque	Stabilité du manteau neigeux	Probabilité de déclenchement
1 FAIBLE	Le manteau neigeux est bien stabilisé dans la plupart des pentes.	Les déclenchements d'avalanches ne sont possibles que dans de très rares pentes raides (*), surtout par forte surcharge (***). Seules des coulées ou de petites avalanches peuvent se produire spontanément.
2 LIMITÉ	Dans quelques (**) pentes suffisamment raides, le manteau neigeux n'est que modérément stabilisé. Ailleurs, il est bien stabilisé.	Déclenchements d'avalanches possibles surtout par forte surcharge (***) et dans quelques pentes dont les caractéristiques sont généralement décrites dans le bulletin. Des départs spontanés d'avalanches de grande ampleur ne sont pas à attendre.
3 MARQUÉ	Dans de nombreuses (**) pentes suffisamment raides, le manteau neigeux n'est que modérément à faiblement stabilisé.	Déclenchements d'avalanches possibles parfois même par faible surcharge et dans de nombreuses pentes dont les caractéristiques sont généralement décrites dans le bulletin. Dans certaines situations, quelques départs spontanés d'avalanches de taille moyenne, et parfois assez grosse, sont possibles.
4 FORT	Le manteau neigeux est faiblement stabilisé dans la plupart (**) des pentes suffisamment raides.	Déclenchements d'avalanches possibles même par faible surcharge (***) dans la plupart des pentes suffisamment raides. Dans certaines situations, de nombreux départs spontanés d'avalanches de taille moyenne, et parfois grosse, sont à attendre.
5 TRÈS FORT	L'instabilité du manteau neigeux est généralisée.	De nombreuses et grosses avalanches se produisant spontanément sont à attendre y compris en terrain peu raide.

(*) Pentes particulièrement propices aux avalanches, en raison de leur déclivité, la configuration du terrain, la proximité de la crête...

(**) Les caractéristiques de ces pentes sont généralement précisées dans le bulletin: altitude, exposition, topographie...

(***) Surcharge indicative =
- forte: par exemple, skieurs groupés...
- faible: par exemple, skieur isolé, piéton...

Le terme "déclenchement" concerne les avalanches provoquées par surcharge, notamment par le(s) skieur(s).

Le terme "départ spontané" concerne les avalanches qui se produisent sans action extérieure.

AVANT DE PARTIR

Ai-je consulté le BRA? Le bulletin météo?

Quelqu'un est-il au courant de mon projet?

Chaque membre du groupe est-il équipé d'une pelle, d'une sonde et d'un l'ARVA en état de marche?

Ai-je enregistré le numéro des secours dans mon portable?

Les conditions météo (visibilité, vent, froid) et l'état du manteau neigeux (profonde, croûtée; humide) sont-ils compatibles avec le niveau du skieur le plus faible du groupe?

DERNIERS CONSEILS

- Une pente souvent parcourue par les skieurs est plus stable qu'une pente peu fréquentée.
- La vitesse et l'orientation du vent sont des éléments déterminants à analyser dans le BRA car il sont les causes de la formation des plaques à vent.
- Les départs d'avalanches dans les pentes jusqu'à 30° d'inclinaison sont rarissimes, mais celles-ci peuvent être balayées par des coulées parties de pentes plus raides situées en amont.

AVALANCHE HAZARD FORECAST (B.R.A)

It refers to the European avalanche danger scale and is issued daily. It corresponds to a given local area. The information is provided in terms accessible to everyone. However, it often needs to take into account very complex situations. We strongly advise you to read the definitions of the ratings very carefully, ***over and over again****, in order to understand all their subtleties.*

The information issued by the B.R.A. will have to be paralleled with the topographical characteristics of the intended route : altitude, slope configuration (angle) and aspect.

The B.R.A. is always the crucial point around which the project for the whole day will revolve.

One must pay special attention to danger level 3/5. In no case does it correspond to a « medium » risk which could be a « go » on all the slopes of the area. *Risk three is a considerable risk, with a possibility of human-triggered avalanches even with a light load.*

It is the level at which the majority of accidents take place.

France:

Weather forecast: 08 92 36 68 02 74

Snow and avalanche forecast: 00 33(0)8 92 68 10 20

www. meteofrance.com

EUROPEAN SCALE OF AVALANCHE RISK

Designed for those practising mountain sports outside of the groomed and open pistes

Risk index	Snowpack stability	Probability of triggering
1 WEAK	The snowpack is well stabilised on most slopes.	Triggering of avalanches is only possible on a very few steep slopes (*) especially if heavily overloaded (***). Only small avalanches and snowslides occur spontaneously.
2 LIMITED	On several (**) sufficiently steep slopes, the snowpack is only moderately stabilised. Elsewhere, it is well stabilised.	Triggering of avalanches possible, especially if heavily overloaded (***), on some slopes whose characteristics are generally described in the bullettin. Spontaneous avalanches of any size are not to be expected
3 PRONOUNCED	On many (**) sufficiently steep slopes, the snowpack is only moderately to poorly stabilised.	Triggering of avalanches possible, sometimes even if slightly overloaded, on many slopes whose characteristics are generally described in the bulletin. In certain situations, some spontaneous medium sized, sometimes fairly large, avalanches are possible
4 STRONG	The snowpack is poorly stabilised on most (**) sufficiently steep slopes.	Triggering of avalanches possible, even if slightly overloaded (***), on most sufficiently steep slopes. In certain situations, many spontaneous medium size, sometimes large, avalanches are to be expected
5 VERY STRONG	Generalised instability of the snowpack	Numerous large spontaneous avalanches are to be expected, including on terrain that is not very steep

(*) Slopes particulary prone to avalanches, because of their gradient, ground configuration, proximity to a ridge...

(**) The characteristics of these slopes are generally explained in the bulletin: altitude, aspect, topography...

(***) Overloading code =

- heavy: for example, grouped skiers...
- slight: for example, isolated skier, pedestrian...

The term "triggering" concerns avalanches caused by overloading, in particular by skiers.

The term "spontaneous" concerns avalanches which occur without external action.

BEFORE LEAVING, CHECK THE FOLLOWING POINTS:

Did I consult the weather and the avalanche forecasts?

Is someone « down below » aware of my project?

Is each member of the party equipped with a shovel, a probe and a working avalanche rescue transceiver (in French : ARVA)? Has everyone had the necessary training and practice to be able to use them in an emergency?

Have I entered the emergency rescue number into my telephone?

Are the weather conditions (visibility, wind, cold) and the snow conditions (deep, crusty, damp) compatible with the technical level and physical preparation of all the skiers in the group?

LAST PIECE OF ADVICE

- *A slope which has frequently been run down by skiers is likely to be more stable than a deserted slope.*
- *The speed and direction of the wind are central elements in an avalanche forecast as they are the main cause of the formation of windslabs.*
- *Avalanches of dry snow on slopes of less than 30 degree angles are extremely rare but these slopes can be swept by slides triggered above on steeper slopes.*
- *At high altitudes, some slopes are naturally cleaned up* as weight builds up after heavy snowfall, so they are often safer than those under 2500 m.*

** natural loose snow avalanches commonly occur in the steep gullies issuing from the summit peaks.*

UTILISATION DES DESCRIPTIONS D'ITINERAIRE

Trois sources d'information doivent guider votre choix d'itinéraire:

- les textes, qui décrivent le cheminement
- les photos (ou dessins): les tracés donnent une idée de la ligne générale, qui peut notablement évoluer en fonction des conditions
- une carte au 1/25000

Deux instruments pourront compléter ces informations:

- la boussole, nécessaire lorsque le texte fourni des repères de direction
- l'altimètre, conseillé pour les descentes de grande envergure; il vous aidera, associé à la carte, à savoir si vous êtes sur le bon chemin. Nous n'avons que rarement donné des horaires, ceux-ci étant complètement dépendants de votre niveau technique, et des conditions de neige.

Difficulté: nous avons conservé les termes utilisés en alpinisme. Ça donne:

- **Facile (F)** : pentes douces et larges.
- **Peu difficile (P.D.)** : pentes un peu plus raides, avec d'éventuels passages étroits.
- **Assez difficile (A.D.)** : pentes à 20°/25°, pouvant être soutenues.
- **Difficile (D)** : pentes sérieuses, 30°/35°, où le risque de dévissage existe réellement.
- **Très difficile (T.D.)** : ski de pentes raides, 40°/45°, nécessitant une bonne maîtrise des techniques spécifiques. Le risque de dévissage est permanent et lourd de conséquences.
- **Extrêmement difficile (E.D.)** : domaine du ski extrême, 45° et au-delà. Réservé aux spécialistes.

Nous avons également donné une estimation sur l'engagement de la descente:

- **Peu engagée** : à proximité immédiate des pistes.
- **Assez engagée** : déjà à l'écart des pistes, bien que visible de celles-ci et se terminant sur celles-ci.
- **Engagée** : il y a peu de chances que l'on soit vu en cas d'accident; de plus alerter les secours prendra un certain temps.
- **Très engagée** : "perdus" en haute montagne, les skieurs devront démontrer une autonomie totale dans toutes les situations.

Enfin ces informations sont complétées par des remarques sur la complexité du cheminement et la nature des dangers rencontrés.

USING THE ROUTE DESCRIPTIONS

Three information sources will influence your choice of a route:

- *the texts, which describe the route.*
- *the photos (or designs): the lines give an idea of the general direction, which may change quite a lot depending on the conditions.*
- *a map to the scale of: 1/25000.*

Two instruments can help out:

- *the compass, necessary when the text gives bearings to follow*
- *the altimeter, handy to have for the big descents; along with the map, it will help you locate your exact position. We have rarely given times, these being completely dependent on your skiing standard and the snow conditions.*

***Difficulty:** we have used the terms used in alpinism; as follows:*

- ***Easy*** *: wide gentle slopes.*
- ***Little difficult*** *: slopes a little steeper, with narrow passages.*
- ***Quite difficult*** *: slopes of 20°/25°, may be sustained.*
- ***Difficult*** *: serious gradient of 30°/35° where a real risk of slipping exists.*
- ***Very difficult*** *: steep skiing 40°/45°, requiring very good, and sometimes specific technique. The risk of falling is permanent and with heavy consequences.*
- ***Extremely difficult*** *: extreme skiing terrain, above 45°. Reserved for the specialists of the game.*

We have also given an estimation of the commitment of the route:

- **Not serious** : *close to the pistes.*
- **Quite serious** : *away from the marked runs but visible from them and finishing on the piste.*
- **Serious** : *little chance of being seen in case of an accident. Furthermore, alerting the rescue services will take a certain amount of time.*
- **Very serious** : *isolated in the high mountains, skiers must be completely autonomous in every situation.*

These route descriptions are complemented by remarks on the difficulty of the route-finding and the nature of the dangers likely to be met with.

	PICTOGRAMMES	*SYMBOLS*
	Accès	*Access*
	Dénivellation - montée	*Positive vertical drop*
	Dénivellation - descente	*Negative vertical drop*
	Orientation	*Aspect*
	Difficulté technique	*Technical difficulty*
	Engagement	*Commitment*
	Période propice	*Suitable period*
	Snowboard	*Snowboard*
	Dangers	*Hazard*
	Cheminement	*Route finding*
	Points clés GPS	*keys GPS way points*

Nous donnons quelques points GPS clés pour la plupart des itinéraires: entrée de couloir, traversée, rocher... Ils aideront assurément les skieurs surpris par le mauvais temps à regagner la vallée mais ne sauraient constituer une route de «way points» à suivre aveuglément.

We give a few key GPS references for most of the routes: top of couloir, traverse, rocks etc. They will certainly help skiers caught out in bad weather to get back to the valley, but they in no way constitute a complete set of waypoints to be followed blindly.

PLAN DES PISTES

SKI MAP

LA GRANDE MOTTE 3656
LA GRANDE CASSE 3852
GLACIER DE LA VANOISE
SOMMET DE BELLECOTE
DÔME DE PRAMECOU
COL DES VES
CHAMPAGNY-EN-VANOISE
AIG. NOIRE DE PRAMECOU
SKI D'ETE
COL DU PALET
AIG. DU CHARDONNET
S.P.O.T.
COL DE LA SACHETTE
L'AIGUILLE PERCÉE 2748
STADES OLYMPIQUES DE LOGNAN
VAL CLARET
TIGNES-LE-LAC
RESERVE NATURELLE
LE LAVACHET
TIGNES 2100
VALLON DE LA SACHE
LAC DU CHEVRIL
TIGNES LES BOISSES 1850
LE VILLARET DU NIAL
TIGNES LES BREVIERES 1550
LE CHEVRIL

INTRO

Tignes et Val d'Isère, ces deux stations bien différentes, sont désormais réunies sous le nom très médiatique d'Espace Killy. L'une ville de béton purement artificielle implantée en haute montagne, l'autre petit village savoyard longtemps renfermé sur lui-même et ses querelles de clocher malgré sa renommée, avant de basculer tout récemment et peut-être à contretemps dans la ruée vers l'Or Blanc. A elles deux, ces stations forment l'un des plus grands domaines skiables du monde. Peut-être pas le plus beau, mais certainement le plus varié, le plus complet et le plus attachant: la haute montagne facilement accessible à tous.

Il ne saurait être question de comparer le hors-pistes de l'Espace Killy avec celui de Chamonix. Aucun sommet à plus de 4000 mètres à proximité! Les stations, situées elles-mêmes à plus de 1800 mètres, n'offrent donc pas de dénivellations impressionnantes. Par ailleurs la joie de faire sa trace en neige vierge, encore fréquente dans les stations moins célèbres, y est devenu progressivement un luxe, sous l'afflux des amateurs venus du monde entier, dévalant dès l'aurore des pentes réservées autrefois à une élite. Pourtant l'enthousiasme ne se refroidit pas. Quel charme a donc Val d'Isère? Quelle attirance peut-on éprouver pour Tignes?

Chacun a sa réponse, bien entendu. En tous cas le succès est indiscutablement lié à la variété des itinéraires, à leur facilité d'accès, et à la disposition favorable des vallées. Servie par une impressionnante densité de remontées mécaniques, la géographie de l'Espace Killy permet en effet un choix incroyable de parcours. Ainsi l'amateur peut se laisser aller à sa fantaisie d'un massif à l'autre, choisir sur un coup de cœur telle ou telle pente qui s'offre à sa vue, improviser en fonction du temps, de la qualité de la neige et de ses limites techniques. Nul besoin de programme savamment étudié à l'avance, de timing précis, ni de météo parfaite. En fait c'est la liberté que ce fabuleux domaine offre avant tout au skieur hors-pistes.

FOREWORD

Tignes and Val d'Isère are two very different places, grouped under the flashy name «Espace Killy». The first is a completely artificial concrete town built in the high mountains. The second is an old Savoy village, rather isolated and self-centered before embracing, not so long ago, the white gold of the ski industry. Together, they make up one of the largest ski areas in the world. It may not be the most beautiful, but it certainly is the most varied and complete resort: high-mountain skiing made accessible to everyone.

However, «Espace Killy» does not compare with high-mountain resorts such as Chamonix. With no summit over 4.000 m there is little scope for extreme angles or huge vertical drops. Most of the routes only offer elevation contrasts ranging from 500 m to 900 m. Furthermore, the joy of making one's own track in virgin snow, still accessible in less popular resorts, has now become a luxury. The number of top-level skiers from all over the world has increased so much that many outback spots, formerly dedicated to the elite, are now tracked-out in a flash. Yet, the enthusiasm hasn't died. So what has Val d'Isère got to charm us with? What does Tignes have to offer?

Everybody comes out with their own answer, of course, but the lasting success of the resort is undoubtedly due to the variety and easy access of the routes, and to the good general lay-out of the mountains and valleys. The unique geographical setting of «Espace Killy», served by a tremendous number of ski lifts, indeed offers a huge choice of routes. The off-piste skier or rider can go freely from one mountain-range to another, from one slope to another, and improvise according to the time at his disposal, the quality of the snow, or his own technical capabilities. There is no need to make out an elaborate program beforehand, the timing doesn't have to be precise or the weather perfect. It is, in fact, this fantastic and unmatched amount of freedom which attracts and enthrals off-piste skiers worldwide.

LES SECTEURS

BELLEVARDE
VAL D'ISÈRE

LA BANANE

L'un des hors-pistes les plus fréquentés de Val d'Isère en raison d'un accès particulièrement aisé pour un tel dénivelé. L'exposition au sud-est limite toutefois les possibilités, car la neige se réchauffe dès le matin. Au printemps, la transformation ne s'effectue pas toujours dans de bonnes conditions compte tenu des rails laissés par les nombreux skieurs.

1

- **Itinéraire :** prendre le début de la piste de la Face depuis le haut de Bellevarde. Au premier virage à gauche, continuer tout droit par un petit col généralement barré de panneaux «danger» et bordé à droite par un rocher bien visible. Une première pente très facile amène à un faux plat qui se termine par un groupe de rochers. On peut passer à leur gauche et revenir ensuite. Si l'on choisit de les contourner par la droite, il faut alors se méfier de la pente en dévers qui suit, à la droite de laquelle se trouve un ravin surplombant la piste des Santons. On reviendra donc sur la gauche dès que possible (photo 1) en se méfiant toutefois de la barrière rocheuse qui s'étend sur toute la largeur de ce versant et qui ne comporte qu'un ou deux passages assez pentus. On

Funival ou télécabine de l'Olympique

900 m	sud-est
difficile; traces nombreuses, souvent gelées	assez engagé
février-mars	pour les très bons
avalanches; dévissage au printemps	peu complexe

GPS	Altitude	Latitude N	Longitude E
ENTREE PETIT COL	2611 m	N 45°26'23,9"	E 6°57'16,8"
HAUT 1ère GRANDE PENTE	2501 m	N 45°26'19,2"	E 6°57'33,1"
HAUT 2ème PENTE	2352 m	N 45°26'14,0"	E 6°57'43,1"
HAUT DERNIERE PENTE	2157 m	N 45°26'15,2"	E 6°58'01,1"

hoto 1 : Bellevarde, La Banane

peut alors descendre vers un nouveau faux plat avant de reprendre la pente pour se rapprocher du bas des Santons. On peut aussi traverser vers la gauche et descendre vers le Châtelard après avoir contourné une sorte de monticule rocheux.

A condition d'avoir pris en traversée vers la gauche tout de suite après la barre rocheuse, ou de l'avoir franchie par un couloir, une variante consiste, en passant au-dessus du monticule, à rejoindre le télésiège des Loyes qui conduit au sommet de Bellevarde. Dans ce cas on ne descendra pas en dessous du départ de ce télésiège qui surplombe un dangereux à-pic.

LA BANANE

One of the most crowded off-piste runs in Val d'Isère, due to the very easy access for such a large vertical drop. Its southeasterly exposure limits the possibilities because the snow heats up early in the morning.

Funival or Olympic cable car	
900 m	*southeast*
difficult, many tracks, often frozen	*quite exposed*
February-March	*very good, for experts*
avalanche, snowslide in the spring	*not difficult*

GPS	Altitude	Latitude N	Longitude E
ENTRANCE TO "PETIT COL"	2611 m	N 45°26'23,9"	E 6°57'16,8"
TOP OF THE BIG SLOPE	2501 m	N 45°26'19,2"	E 6°57'33,1"
TOP OF THE 2nd SLOPE	2352 m	N 45°26'14,0"	E 6°57'43,1"
TOP OF THE LAST SLOPE	2157 m	N 45°26'15,2"	E 6°58'01,1"

In springtime, the snow doesn't always transform well due to the deep tracks left by the large number of skiers.

- ***Route :*** *go down the start of the Piste de la Face from the top of the Olympic cable car. At the first bend to the left, continue straight on through a breach, usually blocked off with a «Danger» sign, with an obvious rock on the right-hand side. The first slope is very easy and leads to a level area with rocks at the end. You can pass to their left or to their right. If you decide to pass to the right, be careful as the following slope is interrupted by rocks on the right, overhanging the Santons piste. Go to the left as soon as possible (photo 1) watching for the rock-barrier spanning the whole mountain side, with only one or two very steep couloirs.*
  Ski down to another level section before taking the slope leading to the bottom of the Santons. It is also possible to traverse left and go down towards Chatelard after going around a rocky outcrop.
  Variant: if you traverse to the left after the rock face or if you go down one of the couloirs, you can ski down to the Layes chairlift, which takes you back to the top of the Olympic cable car. In this case you mustn't go below the start of the chairlift, as it overhangs a dangerous precipice.

2

LE CAIRN

Il s'agit d'une grande classique de Val d'Isère, sur une pente où la neige reste bonne longtemps, et se terminant en forêt. Le paysage est agréable, avec une belle vue sur la station.

- **Itinéraire :** en venant du Funival, il faut se diriger vers la Face en restant aussi haut que possible. La traversée vers la gauche se fait au ras des rochers surplombant la descente olympique, et se poursuit sur toute la largeur de la face Est de Bellevarde. Après avoir franchi le câble du téléphérique, on aboutit au-dessus d'une très belle pente, très régulière, qui surplombe le village (photo 2).
  La descente doit être poursuivie sur 200 ou 300 m en direction d'une petite bordée de mélèzes qui apparaît bientôt, légèrement sur la gauche. Cette combe est délimitée sur la droite par un monticule couvert d'arbres, puis par un second plus important, le Cairn. Passer entre les deux monticules amène à rejoindre la piste de la Face, mais on peut aussi gagner cette dernière en passant en dessous du Cairn par une sorte de chemin à travers la forêt.
  En poursuivant plus bas dans la combe on aperçoit bientôt un premier

Funival ou télécabine de l'Olympique	
900 m	est
assez difficile	assez engagé
tout l'hiver	parfait
	peu complexe

GPS	Altitude	Latitude N	Longitude E
ENTREE CAIRN	2693 m	N 45°26'36,5"	E 6°57'14,5"
BOUT DE LA TRAVERSEE A GAUCHE	2560 m	N 45°26'49,5"	E 6°57'13,3"
COL EN AMONT DU CAIRN	2141 m	N 45°26'50,8"	E 6°58'00,3"

paravalanche. On peut encore, à ce moment-là, prendre à droite vers la piste, mais on peut aussi poursuivre, en se méfiant toutefois d'un à-pic rocheux situé à environ 5 ou 6 m à droite et en dessous du paravalanche. Pas de danger ensuite, mais la combe est, bien sûr, assez pentue. Prendre enfin la route sur la gauche, pour rejoindre le pont qui traverse l'Isère à la hauteur de l'arrêt de la navette.

THE CAIRN

This is a great classic in Val d'Isère, as it still has good snow long after a fall. The scenery is nice, with a good view over the resort and a forest at the end.

- ***Route :*** *from the top of the cable car, go towards La Face, staying as high as possible. Traverse left next to the rocks overlooking the Olympic downhill run and continue along the whole length of the east face of the Bellevarde. After passing under the cable car wires you come to a superb smooth slope overlooking the village (photo 2).*
  Ski down 200 to 300 m towards a bunch of larch trees which you can

	Olympic cable car or Funival		
	900 m		*east*
	quite difficult		*quite exposed*
	all winter		*perfect*
			not difficult

GPS	Altitude	Latitude N	Longitude E
START OF "CAIRN" ROUTE	2693 m	N 45°26'36,5"	E 6°57'14,5"
END OF TRAVERSE LEFT	2560 m	N 45°26'49,5"	E 6°57'13,3"
COL UPHILL OF "CAIRN"	2141 m	N 45°26'50,8"	E 6°58'00,3"

see slightly to the left. This bowl is limited on the right-hand side by a tree-covered mound, followed by a second, bigger one, called the Cairn. Going between the two mounds takes you back to the Piste de la Face but you can also get to it by going below the Cairn along a kind of track through the forest.

If you carry on down the bowl, you come to a first avalanche barrier. You can either go past it towards the regular run or continue, always keeping aware of a sheer rock face 5 to 6 m to your right, below the avalanche barrier. After this there is no more danger except the slope remains fairly steep, of course.

Then just take the road to the left to get to the bridge over the Isère river at the level of the bus stop.

LA TABLE D'ORIENTATION

Une spectaculaire et belle variante du Cairn réservée aux bons skieurs amateurs de couloirs. La Table, située tout au sommet de Bellevarde, est un cadran panoramique en ciment qui permet de repérer les principaux sommets de la région.

- **Itinéraire :** pour atteindre la Table d'Orientation, il faut prendre le Funival ou la télécabine. On monte ensuite vers le sommet et les antennes que l'on aperçoit au-dessus de l'arrivée, en utilisant l'escalier métallique qui mène au départ de la descente olympique.
  Après avoir traversé l'ensemble des installations hertziennes vers l'ouest, en marchant sur la crête, on aperçoit tout au bout, sur la droite, un couloir entre deux gros rochers. Ce couloir assez pentu s'incurve ensuite vers la droite et permet de rejoindre le haut du Cairn (photo 2).

télécabine de l'Olympique	
930 m	est
difficile. Couloir à 40° dans le haut	assez engagé
tout l'hiver	pour les très bons
	peu complexe. 20 mn de montée au début

GPS	Altitude	Latitude N	Longitude E
ENTREE COULOIR DE LA TABLE	2768 m	N 45°26'43,3"	E 6°57'05,9"

Photo 2 : Bellevarde, 1. Le Cairn - 2. La Table d'Orientatio

THE PANORAMIC TABLE

This is a beautiful and spectacular variant of the Cairn for good skiers and couloir lovers. The Table is situated at the summit of Bellevarde. It is a concrete landmark indicator on which you can find the names of the main peaks in the region.

- **Route :** *to get to the panoramic table, take the Olympic cable car. Climb to the summit, heading towards several aerials, up a metal staircase leading to the start of the Olympic run. Pass the whole set of Hertzian equipment, heading west along the ridge, until you come to a couloir on the right-hand side, between two big rocks. This fairly steep couloir veers to the right and leads to the top of the Cairn (photo 2).*

Olympic cable car	
930 m	*east*
difficult. Couloir 40° at the top	*quite exposed*
all winter	*for experts*
	not complicated. 20 minute's climb at the start

GPS	Altitude	Latitude N	Longitude E
ENTRANCE TO PANORAMIC TABLE COULOIR	2768 m	N 45°26'43,3"	E 6°57'05,9"

LA FACE DU CHARVET

Cette descente splendide et très agréable (photo 3) présente de réels dangers. Elle doit être évitée après une forte chute de neige et à prohiber formellement les après-midi de printemps: important risque d'avalanche.

- **Itinéraire :** au sommet du télésiège, poursuivre en traversée vers l'est, par la face sud du Charvet, en restant aussi haut que possible pour franchir le petit col qui amène sur la face est. Dès le col franchi, poursuivre la traversée vers la gauche, sur cette face, le long de la barrière rocheuse, jusqu'à sortir des couloirs d'avalanches (200 à 300 m environ). Il faut alors rejoindre, tout à fait vers la gauche, la combe qui est le seul passage raisonnable. A la sortie de la combe, une fois passée la barre rocheuse, on peut: soit poursuivre vers la gauche et l'épaule du Charvet pour rentrer sur Val d'Isère; soit au contraire revenir vers la droite pour rejoindre la route et le télésiège du Manchet à travers des coulées souvent importantes.
  Il faut faire très attention, après le passage du col, à ne pas suivre aveuglément les traces qui descendent dès le début de la traversée, sauf sur

télésiège de Grand Pré	
700 m	est
difficile; pente 35°	assez engagé
tout l'hiver	long faux plat au départ. Très pénible en neige fraîche
avalanches; dévissage au printemps; barrière rocheuse	peu complexe

GPS	Altitude	Latitude N	Longitude E
PETIT COL	2640 m	N 45°25'20,7"	E 6°57'25,1"
ENTREE DE LA COMBE VARIANTE	2283 m	N 45°25'46,5"	E 6°57'45,8"
VARIANTE			
SOUS LE GROS ROCHER	2452 m	N 45°25'28,2"	E 6°57'36,9"
ENTREE DE LA COMBE	2319 m	N 45°25'26,7"	E 6°57'46,2"

Photo 3 : Bellevarde, la face du Charvet

une très courte distance, et à condition de reprendre tout de suite la traversée vers la gauche. Ces traces sont celles de skieurs de haut niveau dont certains empruntent le passage aléatoire de la très dangereuse paroi rocheuse située en contrebas.

Variante du Déversoir: en effet une variante spectaculaire, réservée à ceux qui connaissent parfaitement l'endroit, consiste à descendre tout de suite après le col, sur deux cents mètres environ. Arrivée à la hauteur d'un gros rocher en forme de parallélépipède, que l'on aperçoit cent mètres à gauche, il faut impérativement obliquer en traversée dans sa direction. On surplombe alors une très dangereuse barrière. Il faut reprendre la descente sous le rocher en direction de la vallée, avant de revenir peu à peu vers la droite, en suivant une combe qui va se rétrécissant. Par bon enneigement, on aboutit à un étroit passage entre les rochers qui permet de rejoindre la vallée, face au télésiège du Manchet. Ce choix est à éviter sans une connaissance parfaite du terrain et de la neige, en raison des risques qu'il comporte.

THE CHARVET FACE

A great run but quite dangerous (photo 3). It should not be skied after a heavy snowfall and is definitely prohibited on springtime afternoons, due to the huge avalanche risk.

- ***Route :*** *from the top of the chairlift, traverse to the east via the south face of Charvet, staying as high as possible in order to get over a small pass which takes you to the east face. From here traverse to the left, along the rock-face, to the end of the avalanche couloirs (about 200 to 300 m), until you get to a bowl at the far left, which is obviously the only good route. When you come out of the bowl at the end of the rock-face, you can either carry on to the left, to the Charvet shoulder, and get back to Val d'Isère , or you can go back to the right towards the road and the Manchet chairlift, going across some rather large snowslide.*

Be careful not to blindly follow tracks at the start of the traverse, once past the col. You can follow the tracks for a short while only if you traverse again straight away to the left. These tracks are made by top-level skiers who go along a risky route with a very dangerous rock-face below.

Déversoir variant: *this is a very spectacular variant reserved for those people who have a thorough knowledge of the area. It goes directly down below the pass for about two hundred metres. Once you are at the level of a big square rock, about 100 m to the left, you must at once traverse diagonally towards it. You are above a very dangerous rock-face. Start skiing down again once you are below the rocks, first heading towards the valley, before gradually veering to the right along a gradually narrowing gully. If the snow cover is good, you get to a narrow passage between the rocks from which you can get back to the valley, opposite the Manchet chairlift. This route should not be undertaken without a perfect knowledge of the terrain and the snow conditions, as it is quite risky otherwise.*

Grand Pré chairlift	
700 m	*east*
difficult, 35° slope	*quite exposed*
all winter	*long, level section at start. Very tiring in fresh snow*
avalanche, risk of sliding in springtime, rocks	*not difficult*

GPS	Altitude	Latitude N	Longitude E
LITTLE COL	2640 m	N 45°25'20,7"	E 6°57'25,1"
ENTRANCE TO THE BOWL VARIANT	2283 m	N 45°25'46,5"	E 6°57'45,8"
VARIANT			
BELLOW THE BOULDER	2452 m	N 45°25'28,2"	E 6°57'36,9"
ENTRANCE TO THE BOWL	2319 m	N 45°25'26,7"	E 6°57'46,2"

5

LE TOUR DU CHARVET

Certainement le hors-pistes le plus connu de Val d'Isère, accessible à tous les skieurs, et donc très tracé. Le risque de coulées est important en raison de l'exposition plein sud. L'après-midi, on se méfiera en particulier des couloirs d'avalanche qui surplombent la fin des gorges, sur la gauche.

- **Itinéraire :** prendre le télésiège de Grand Pré. Au sommet, continuer droit, dans l'axe de cette remontée, vers la très belle pente qui s'offre à la vue (large faux plat). Trois options principales sont possibles:
  - **La descente classique.** Prendre légèrement sur la droite dès le départ vers le faux plat. Les moins bons skieurs continueront en traversée complètement sur leur droite, vers le fond du cirque, pour revenir à gauche en suivant le fond de la vallée. Les autres préféreront des-

télésiège de Grand Pré	
700 m	sud
peu difficile, mais traces souvent gelées	assez engagé
tout l'hiver	très long plat dans le bas. Bon courage
avalanches	varié, peu complexe

GPS	Altitude	Latitude N	Longitude E
ENTREE DES GRANDES PENTES	2510 m	N 45°24'56,5"	E 6°56'46,8"
CHALET DU CHARVET	2412 m	N 45°24'50,2"	E 6°56'52,8"
DEBUT DE LA TRAVERSEE	2152 m	N 45°24'39,5"	E 6°57'29,9"
BEC DE L AIGLE			
DROITE DE LA BOSSE 2609	2595 m	N 45°25'09,9"	E 6°57'12,6"
HT DES PENTES DU BEC DE L'AIGLE	2352 m	N 45°24'49,8"	E 6°57'26,5"
COULOIR DU MT BLANC			
GAUCHE DE LA BOSSE 2609	2620 m	N 45°25'13,3"	E 6°57'20,0"
ENTREE COULOIR MT BLANC	2314 m	N 45°24'53,1"	E 6°57'39,9"

cendre directement. La suite est facile, sauf lorsque le gel a durci les traces de la veille. La promenade peut alors tourner au calvaire pour les chevilles fragiles! En fonction de l'enneigement, on peut ensuite emprunter l'une ou l'autre rive du ruisseau du Charvet, vers les gorges, passage étroit mais superbe. On poursuit ensuite en faux plat le long de la rivière jusqu'au Manchet avant de suivre sur la gauche la route qui passe sous la face du Charvet. Coulées fréquentes et dangereuses au printemps à cet endroit.
Sur l'autre versant, on aperçoit le télésiège du Manchet qui permet la remontée sur Solaise. On peut aussi suivre la vallée en longeant la piste de ski de fond vers Val d'Isère, à condition de ne pas craindre de pousser sur les bâtons et de maîtriser parfaitement le pas de patineur...

- **Le Bec de l'Aigle.** Depuis le haut, prendre légèrement sur la gauche et poursuivre, après le faux plat, la descente vers un rocher en forme de tour, le Bec de l'Aigle, que l'on voit très progressivement dépasser en contrebas. Celui-ci atteint, prendre le goulet situé à sa gauche pour rejoindre les gorges. A noter qu'au printemps les risques de coulées sont importants.

- **Le couloir du Mont-Blanc.** Prendre franchement sur la gauche dès le départ, en traversée comme pour aller vers la face du Charvet. Après 200 m, on peut entamer la descente à sa guise, sur la droite vers le faux plat. A ce niveau, on peut encore rejoindre le Bec de l'Aigle que l'on aperçoit à droite. Pour atteindre le Couloir du Mont Blanc, il faut se diriger vers la barrière rocheuse nettement visible sur la gauche. Il n'y a pas de passage entre ces deux extrêmes. On découvre alors un couloir assez étroit, souvent avalancheux, qui conduit en aval des gorges du Charvet.

THE CHARVET TOUR

This is certainly the best known off-piste run in Val d'Isère. It is accessible to all skiers and therefore busy and very tracked out. Because of its south-facing aspect, there is a high risk of snow-sliding. In the afternoon, be especially wary in the avalanche couloirs, above the end of the gorge, to the left.

- **Route :** *take the Grand Pré chairlift. At the top, carry straight on along the line of the lift to a beautiful slope in front of you, with a wide flat area. There are three main options from here:*
  - **The classic descent.** *Head slightly to the right as soon as you start towards the flat area. The less experienced skiers can continue traversing to the right towards the far end of the bowl and then follow the*

Grand Pré chairlift	
700 m	*south*
not difficult, but tracks often frozen	*quite exposed*
all winter	*very long level section at bottom, off you go!*
avalanche	*Varied ruote, not difficult*

GPS	Altitude	Latitude N	Longitude E
START OF THE LARGE SLOPES	2510 m	N 45°24'56,5"	E 6°56'46,8"
CHALET DU CHARVET	2412 m	N 45°24'50,2"	E 6°56'52,8"
START OF THE TRAVERSE	2152 m	N 45°24'39,5"	E 6°57'29,9"
"BEC DE L AIGLE"			
RIGHT OF THE BEC DE L'AIGLE 2609	2595 m	N 45°25'09,9"	E 6°57'12,6"
TOP OF THE BEC DE L'AIGLE SLOPES	2352 m	N 45°24'49,8"	E 6°57'26,5"
COULOIR DU MT BLANC			
LEFT OF "LA BOSSE 2609"	2620 m	N 45°25'13,3"	E 6°57'20,0"
ENTRANCE TO THE MT BLANC COULOIR	2314 m	N 45°24'53,1"	E 6°57'39,9"

bottom of the valley back to the left. Others may prefer to go straight down. The rest is easy except if all the previous tracks have frozen overnight. Then the fun can become hell for weak ankles! Depending on the snow cover, you can take either bank of the Charvet stream towards the gorge, a narrow but superb passage. From here, follow the slight descent beside the river to the Manchet, then the left side of the road below the Charvet face. Frequent and dangerous snowslide at this spot in spring.

On the opposite side, you can see the Manchet chairlift which goes back to Solaise. You can also follow the valley along the cross-country skiing trail towards Val d'Isère, if you are an expert at ski-skating and if you don't mind pushing on your poles.

- ***The Bec de L'Aigle.*** *From the top, head slightly to the left and after the flat area continue towards a tower-shaped rock, the Bec de L'Aigle (Eagle's beak), which you can see slowly emerging from the snow below you. At the rock, take a gully to the left, leading down to the gorge. Don't forget that in the spring, there is a high risk of snowslide.*
- ***The Mont Blanc couloir.*** *Go well to the left right from the start, traversing as if you were going towards the Charvet face. After 200 m, you can go down anywhere on the right near the level section. From here you can still get to the Eagle's beak, which you can see to the right. To get to the Mont Blanc couloir, head towards some quite obvious rocks to the left. There is no route between these two extremes. You get to a fairly narrow, avalanche couloir, which leads below the Charvet gorge.*

6

LE COULOIR DES PISTEURS

Ce passage spectaculaire (photo 4), sans être vraiment extrême, est réservé aux excellents skieurs. Il faut le prendre par bon enneigement en essayant d'être parmi les premiers: sa fréquentation est en effet en augmentation et certains ont tendance à le descendre en escalier, d'où des marches rendant tout virage périlleux. La largeur est parfois réduite à 2 ou 3 m selon l'enneigement, et la pente est forte.

- **Itinéraire :** prendre le télésiège de Grand Pré, comme pour le tour du Charvet. Au sommet il faut monter à pied sur la gauche en direction du Mont Charvet. On atteint bientôt une crête le long de laquelle il faut progresser sur environ 200 m. La vue au sommet incite au repos et c'est très bien avant cette descente assez dure physiquement.
  Le départ du couloir se trouve le long de la crête, une trentaine de mètres sur la gauche avant le sommet (large entonnoir). Les cinquante premiers mètres sont les plus difficiles. Le couloir s'élargit ensuite, puis se sépare en trois branches menant à de très belles pentes. Celle de droite conduit tout droit au départ du téléski des Santons où la foule toujours

télésiège de Grand Pré	
450 m	nord
très difficile; couloir très étroit. Pente à 45°	assez engagé
attendre un enneigement suffisant	franchement déconseillé, sauf peut-être pour quelques virtuoses
rochers de part et d'autre	marche d'approche de 20 mn

GPS	Altitude	Latitude N	Longitude E
SOMMET DU CHARVET	2856 m	N 45°25'31,2"	E 6°57'19,6"
ENTRE COULOIR	2804 m	N 45°25'34,1"	E 6°57'16,8"
A GAUCHE DE LA DERNIERE BARRE	2482 m	N 45°25'46,0"	E 6°57'05,0"

hoto 4 : Bellevarde, le Couloir des Pisteurs

nombreuse ne vous cachera pas son admiration. Il faut se méfier d'une petite barre rocheuse sur le bas, où il n'existe qu'un passage étroit.
Du sommet, les skieurs qui hésiteraient à se lancer dans le couloir peuvent rejoindre la face sud du Charvet, soit directement à l'opposé du couloir, soit en revenant sur leurs pas vers le début de la crête. Ils rejoindront alors sans difficulté le tour du Charvet en s'offrant en prime la belle pente sud du sommet dont la neige n'est pas toujours bonne en hiver, mais peut être un régal au printemps si elle est transformée.

THE PISTEURS' COULOIR (SKI-PATROL COULOIR)

It is a very impressive route, although not actually extreme, only for top-level skiers (photo 4). It must be tackled in good snow conditions. Be the first one there, as it is becoming more and more popular and some people tend to step down it, imprinting steps which then make any turn very dangerous. In some places it is only 2 to 3 m wide (depending on the snow cover) and it is very steep.

Grand Pré chairlift

450 m	*north*
very difficult, very narrow couloir, 45° slope	*quite exposed*
wait for enough snow	*definitely not recommended except maybe for a few virtuosos*
rocks	*20 minutes approach walk*

GPS	Altitude	Latitude N	Longitude E
TOP OF THE CHARVET	2856 m	N 45°25'31,2"	E 6°57'19,6"
ENTRANCE TO THE COULOIR	2804 m	N 45°25'34,1"	E 6°57'16,8"
LEFT OF THE LAST ROCK BARRIER	2482 m	N 45°25'46,0"	E 6°57'05,0"

- **Route :** *take the Grand Pré chairlift, as for the Tour du Charvet. At the top you have to walk to the left towards the summit of Mont Charvet, and go along a wide crest for about 200 m. Take time to rest and enjoy the view at the top before this quite strenuous descent.*
You will find the start of the funnel-shaped couloir along the crest, about 30 m to the left before the summit. The first 50 m are the most difficult. Then the couloir gets wider before dividing into three branches, all of which lead to beautiful slopes. The one to the right leads straight to the start of the Santons ski lift, where the crowd will express their admiration, but be wary of a small rock face in the lower section, with only a small passage.
At the summit, those who don't dare skiing down the couloir can get back to the south face of the Charvet, either directly, opposite the couloir, or by backtracking to the start of the crest. From here they can easily get to the Tour du Charvet, from where they can ski down the beautiful south slope from the summit. The snowpack is not always very good in winter, but can be wonderful in spring if it is well transformed.

LES SUPER SANTONS

7

Facilement accessible, ce court hors-pistes n'a d'autre intérêt que d'être l'endroit de la station, avec l'Arselle, où la neige se transforme le plus vite. En contrepartie cette pente est sujette à de fréquentes coulées l'après-midi.

- **Itinéraire :** en sortant du Funival, prendre vers la gauche, en visant un peu en aval du départ de la Face. On rejoint ainsi un petit monticule surmonté d'une balise triangulaire. Prendre alors soit à droite, soit à gauche de ce monticule pour basculer vers la combe des Santons. On aperçoit sur la droite le départ du télésiège que l'on peut éventuellement rejoindre.

  Si l'enneigement et l'absence de risques de coulées le permettent, il est aussi possible de poursuivre assez loin sur la gauche, pour prolonger le plaisir avant de rejoindre la piste des Santons (située en contrebas) et redescendre vers la station.

Funival ou télécabine de l'Olympique

300 m	sud
peu difficile	peu engagé
printemps	parfait
coulées; dévissage au printemps	évident

GPS	Altitude	Latitude N	Longitude E
ENTREE DES PENTES DES SANTONS	2490 m	N 45°26'10,9"	E 6°57'17,5"

THE SUPER SANTONS

This short easily accessible off-piste run is only really interesting because together with the Arselle, it is where the snow transforms faster than anywhere else on the resort. However there is often a risk of snowslide in the afternoon.

- ***Route :*** *At the top of the Funival, go to your left heading slightly below the start of the Piste de la Face. You get to a little hillock with a triangular beacon on top of it. Go left or right of it, into the Santons gully. Far to the right, you can see the bottom of the chairlift which you can ski back to.*
  If the snow cover is good and the avalanche risk low, you can continue on the left and enjoy the off-piste run a little longer before gaining the Santons piste back to the resort.

Olympic cable car or Funival	
300 m	south
not difficult	not exposed
springtime	perfect
snowslide, especially in spring	obvious

	Altitude	Latitude N	Longitude E
ENTRANCE TO THE SANTON'S SLOPES	2490 m	N 45°26'10,9"	E 6°57'17,5"

SOLAISE
VAL D'ISÈRE

8

LE COULOIR DU LAVANCHER

Ce couloir, facile d'accès et tout proche de la station est bien entendu extrêmement fréquenté. Dès les premières heures après les chutes de neige les amateurs s'y précipitent, et seuls les plus matinaux profitent réellement de cette descente. Dans ces conditions, on s'efforcera de ne pas oublier les risques de coulées toujours possibles. Lavancher en savoyard signifie avalanche...

- **Itinéraire :** le départ se prend face au nord, au sommet du Solaise Express, à gauche, perpendiculairement au télésiège et un peu en aval de l'arrivée (photo 5). La pente s'incurve peu à peu jusqu'à devenir forte sur une centaine de mètres environ, en une sorte de mur très large, bordé à gauche par des paravalanches et à droite par un à-pic invisible qui surplombe la piste L. Sur ce mur on trouve souvent quelques coulées. Le couloir du Lavancher se trouve en contrebas, à gauche du faux plat. Après avoir traversé ce dernier en se dirigeant sur la gauche, en direction du village de Val d'Isère que l'on voit très bien, on distingue à droite un rocher curieux, en forme d'éperon surplombant le vide, et sur lequel pousse un petit sapin. Le Petit Couloir du Lavancher commence juste à droite de ce rocher et continue pratiquement jusqu'à la route. Il

Solaise Express ou télécabine de Solaise			
650 m		nord	
difficile; pente à 35°		assez engagé	
tout l'hiver		pour les très bons	
avalanches; traces profondes fréquentes		peu complexe	

GPS	Altitude	Latitude N	Longitude E
GAUCHE DU CATEX	2464 m	N 45°26'09,4"	E 6°59'37,4"
ENTREE COULOIR	2212 m	N 45°26'23,2"	E 6°59'24,8"

Photo 5 : Solaise, 1. Le couloir du Lavancher - 2. Les Danaïdes

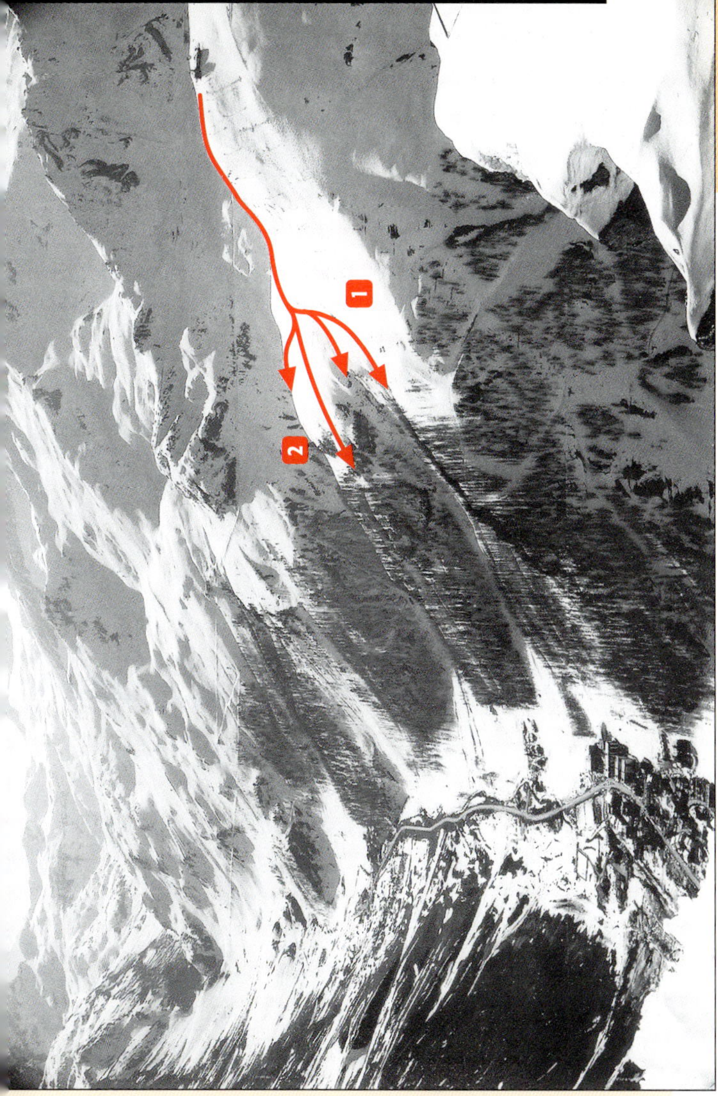

est relativement large (toujours plus de cinq mètres) et assez pentu. Le trajet normal consiste à continuer vers Val en dépassant l'éperon rocheux du début. Après 50 m environ se trouve en effet un large entonnoir, le Couloir du Lavancher proprement dit, qui permet de descendre agréablement dans les sapins (quelques rochers à éviter). On rejoint la route tout près des premiers chalets de Val d'Isère, à l'arrêt de la navette. On peut aussi gagner directement les pistes en bas du front de neige, en obliquant franchement sur la gauche une fois atteint le bas de la forêt.

THE LAVANCHER COULOIR

This couloir is close to the resort and easy to find, so it is very popular. All the afficionados are out there in the first hours after a snow fall and only the earliest risers really get the fun. The risk of snowslide should not be forgotten, however, as Lavancher in the Savoy dialect means avalanche...

- **Route :** *head north from the start, at the top of the Solaise Express, going left perpendicularly to the chairlift, slightly below the finish (pho-*

Solaise Express or Solaise cabin lift

650 m	*north*
difficult, 35° slope	*quite exposed*
all winter	*for the experienced*
avalanche. Deep tracks	*not difficult*

GPS	Altitude	Latitude N	Longitude E
LEFT OF THE CATEX CABLE	2464 m	N 45°26'09,4"	E 6°59'37,4"
ENTRANCE TO THE BOWL	2212 m	N 45°26'23,2"	E 6°59'24,8"

to 5). The slope gets gradually steeper and the steepest section, about 100 m long, is like a wide wall with an avalanche protection on the left and an invisible drop-off on the right, overlooking the Lavancher piste. Snowslide is frequent on this wall. The Lavancher couloir is below, to the left of a flat area.

Ski down the flat section, then veer left towards Val d'Isère . To the right, there is a striking rock, like a spur overlooking the void, with a little fir-tree on it. The Small Lavancher couloir starts just to the right of this rock and goes almost down to the road. It is quite wide (more than 5 m all the way down) and quite steep.

The normal route goes on towards Val d'Isère, past the rock spur. About 50 m down, you come to a large funnel, the Lavancher couloir itself, which is a very nice way down amongst the trees. Just be careful to avoid the odd rock. You get to the road at the first chalets of Val d'Isère, near the bus stop. You can also join the pistes directly by veering far to the left at the bottom of the forest.

LES DANAIDES

9

Cette descente, très prisée il y a quelques années, est maintenant moins en vogue. Elle n'en reste pas moins l'une des plus agréables de la station malgré ses dangers. Facile d'accès, elle offre généralement une neige de trés bonne qualité sur une pente nord se terminant en forêt.

- **Itinéraire :** en haut du Solaise Express, prendre à gauche comme pour le Couloir du Lavancher (photo 5). Le premier mur se descend de la même façon, mais au lieu de tourner ensuite à gauche vers Val d'Isère, on poursuit tout droit sur le faux plat. Il faut absolument éviter de tourner à droite, car la pente devient vite dangereuse. Deux options sont possibles après le faux plat:
  - Prendre complètement à droite jusqu'à longer l'impressionnant à-pic qui surplombe le bas de la piste L, et revenir ensuite sur la gauche. Le risque d'accident n'est pas négligeable pour qui ne contrôlerait pas parfaitement sa trajectoire. A éviter absolument par mauvais temps.
  - Rester sur la partie gauche du faux plat en le traversant jusqu'à apercevoir un passage vers le bas qui serpente entre les mélèzes (photo 6)

Solaise Express ou télécabine de Solaise	
650 m	nord
peu difficile	assez engagé
tout l'hiver	pour les bons
barre rocheuse très élevée. Ne pas emprunter par mauvaise visibilité	complexe, avec une variante risquée

GPS	Altitude	Latitude N	Longitude E
GAUCHE DE LA BARRE	2214 m	N 45°26'26,8"	E 6°59'42,2"
ENTREE FORET	2160 m	N 45°26'29,0"	E 6°59'52,3"
DEBUT TRAVERSEE GAUCHE	2030 m	N 45°26'35,5"	E 6°59'49,6"

hoto 6 : Solaise, les Danaïdes

et évite une première barre rocheuse. Suivre cette combe sur 200 m, jusqu'à un bouquet d'arolles (sortes de grands sapins reconnaissables à leur couleur verte) situé sur la droite. Poursuivre la descente au-delà serait dangereux, car une seconde barrière rocheuse obstrue le passage. On contourne donc les arolles en passant juste au-dessus, pour revenir ensuite vers la gauche sous les rochers.

On trouve alors un large passage entre les mélèzes, trace d'un ancien chemin muletier, que l'on évitera de suivre trop bas. En effet il faut garder suffisamment de hauteur pour rejoindre sur la gauche le long plat qui marque la fin de la piste L et qui mène à l'arrêt de la navette.

THE DANAIDES

This run used to be highly thought of, but it is not as popular nowadays. It still remains one of the most pleasant descents in Espace Killy, although quite dangerous. Easy to get to, it usually has very good snow, with a north-facing slope finishing through a forest.

Solaise Express or Solaise cabin lift	
650 m	*north*
not difficult	*quite exposed*
all winter	*for the experts*
very high rock-face. Not to be done in bad visibility	*difficult, with a risky variant*

GPS	Altitude	Latitude N	Longitude E
LEFT OF THE ROCK BARRIER	2214 m	N 45°26'26,8"	E 6°59'42,2"
ENTRANCE TO THE FOREST	2160 m	N 45°26'29,0"	E 6°59'52,3"
LEFT TRAVERSE BEGINNING	2030 m	N 45°26'35,5"	E 6°59'49,6"

- ***Route :*** *at the top of the Solaise Express, go left as for the Lavancher couloir (photo 5). Ski down the first steep section in the same way, but when you get to the flat area , carry straight on instead of turning left towards Val d'Isère . You must not turn right, as the slope soon becomes dangerous there. After the level section There are two possibilities:*
  - *Go completely to the right until you run along a sheer drop overhanging the lower part of the Lavancher piste, then go back to the left. There is a high risk of accident for anyone who is not in complete control of their direction. Definitely not to be done in poor weather conditions.*
  - *Stay to the left on the flat section and traverse until you see a way down, winding between the larch-trees, avoiding a first group of rocks (photo 6). Follow this gully on about 200 m down to a bunch of "arolles" on the right (tall fir-trees of a striking green colour amongst the bare larch-trees). Don't go any further as there is a second rock-face directly below. Go round the arolles just above them and back to the left under the rocks. You find yourself on a kind of wide path (actually an old mule track). Don't go too far down so as to be able to get to the long, level section on the left-hand side, which is in fact the end of the Lavancher piste and leads to the bus stop.*

10

LES SUPER L

Une variante hors-pistes de la Mattis ou de la L. Belle pente facile d'accès où la neige est souvent bonne.

- **Itinéraire :** à l'entrée de la piste L, suivre la route de l'Iseran qui mène au départ de la Mattis. Tout au long de ce parcours on peut descendre sur la gauche vers le fond de la combe du Laisinant. On choisira l'endroit idéal, celui où il n'y a pas encore de traces, car les possibilités sont nombreuses. Plus on se rapproche du départ de la Mattis, plus le dénivelé est important. Tous ces itinéraires amènent à rejoindre la L, par laquelle on terminera la descente.

Solaise Express	
650 m	ouest, abritée du vent
assez difficile	peu engagé
tout l'hiver	très bien
avalanches	évident

GPS	Altitude	Latitude N	Longitude E
ENTREE SUPER L	2368 m	N 45°26'11,5"	E 7°00'12,7"

THE SUPER L

An off-piste variant of the Mattis or the L. piste. Beautiful slope, close to the runs, often with very good quality snow.

- ***Route :*** *at the start of the L piste, follow the Iseran route which leads to the start of the Mattis. Throughout the whole length you can always turn left towards the bottom of the Laisinant valley. Try to find the best place, with the fewer tracks, because there are numerous possibilities. The closer you get to the start of the Mattis, the greater the vertical drop. All these routes lead back to the L for the end of the run.*

Solaise Express	
650 m	*west, shaded from the wind*
quite difficult	*not exposed*
all winter	*very good*
avalanche	*obvious*

GPS	Altitude	Latitude N	Longitude E
ENTRANCE TO THE SUPER L	2368 m	N 45°26'11,5"	E 7°00'12,7"

11

LES MARMOTTES

Une très belle descente vers la station, malgré une neige souvent traîtresse et difficilement prévisible. Des accidents surviennent pratiquement chaque année sur cette pente qu'il faut éviter de fréquenter l'après-midi au printemps.

- **Itinéraire :** partir du télésiège de la Madeleine ou du Manchet, prendre nettement à droite de la piste des Marmottons. Se méfier toutefois des barrières rocheuses que l'on trouve à l'aplomb du Lac de l'Ouillette tout à fait à droite (photo 8). Une variante consiste d'ailleurs à atteindre directement les couloirs accessibles de cette barrière depuis le sommet de Solaise en contournant le Lac par le nord.
  La descente est très agréable et ne comporte guère de danger si l'on prend soin de skier parallèlement à la piste des Marmottons. Dès que l'on aperçoit la barrière rocheuse sur la droite il faut prendre en traversée pour passer juste en dessous. On trouve là de très belles pentes (malgré des coulées fréquentes), en évitant de se laisser descendre trop bas où se trouve une seconde barrière. Il faut donc rester entre

télésiège de la Madeleine ou télésiège du Manchet	
670 m	ouest
assez difficile dans le bas et le couloir	assez engagé
tout l'hiver selon l'enneigement	très bien
petites barrières rocheuses, mais surtout avalanches	peu complexe, avec des variantes

GPS	Altitude	Latitude N	Longitude E
DEBUT TRAVERSEE	2505 m	N 45°25'34,0"	E 6°59'17,4"
SOUS LE LAC	2476 m	N 45°25'46,2"	E 6°59'14,0"
ARSELLE D'EN HAUT	2298 m	N 45°25'46,3"	E 6°58'55,8"
BAS DES SUPER S	2092 m	N 45°26'08,1"	E 6°58'52,8"

les deux, ce qui permet, par mauvais enneigement, de rejoindre sur la droite le bas de la piste M. Sinon, on rejoindra le bas des pistes à la hauteur du Club Med en traversant la petite forêt située en contrebas.

THE MARMOTS

A great run, straight down to the resort, although with unpredictable and often quite treacherous snow. Accidents occur almost every year on this slope, which should be avoided in springtime afternoons.

- **Route :** *from the top of the Madeleine or Manchet chairlifts, go to the right of the Marmottons piste. Watch out for the rock-barrier directly below the Ouillette lake to the far right (photo 8). One of the variants is to make straight for the couloirs in this barrier from the summit of Solaise, going north around the lake.*
  It is a beautiful and safe run as long as you ski in a parallel line to the Marmottons piste. As soon as you see the rock-face to the right you must traverse to stay above it. You will cross beautiful slopes (frequent

Start	*Madeleine chairlift or Manchet chairlift*

Vertical drop	*670 m*	Orientation	*west*
Difficulty	*quite difficult towards the bottom and in the couloir*	Exposure	*quite exposed*
Season	*all winter depending on snow cover*	Snow	*very good*
Danger	*small rock-faces, but mainly avalanche*	Route finding	*not complicated, several variants*

GPS	Altitude	Latitude N	Longitude E
BEGINNING OF THE TRAVERSE	2505 m	N 45°25'34,0"	E 6°59'17,4"
SOUS LE LAC	2476 m	N 45°25'46,2"	E 6°59'14,0"
ARSELLE D'EN HAUT	2298 m	N 45°25'46,3"	E 6°58'55,8"
SUPER S LOWER PART	2092 m	N 45°26'08,1"	E 6°58'52,8"

snowslide), but don't go too far down, as there is another rock-face. You must stay between the two, and you can join the M piste to the right if the snow cover is poor. Otherwise, you can ski all the way down to the bottom of the pistes, at the level of "Club Med", across a small wood just below.

LA SUPER S

Situé à quelques centaines de mètres de la piste S, l'accès à cette descente est particulièrement aisé. Comme pour les Marmottes, il faut se méfier de la qualité de la neige, toujours aléatoire sur les versants ouest.

- **Itinéraire :** prendre le début du Plan, en restant sur la gauche le long des cordes qui délimitent la piste. Une fois atteint le terrain de décollage des parapentistes (que l'on s'efforcera de ne pas gêner), on quitte la piste sur la gauche, dans une large pente souvent tracée. On peut alors soit descendre tout droit sur l'épaule, soit prendre les combes située encore plus à gauche (photo 7). La descente par l'épaule, la Croupe de la S, mène à la lisière d'une forêt qu'il faut traverser pour rejoindre le bas de la piste. En effet rejoindre à cet endroit le bas des combes peut être dangereux en raison d'une petite barrière de rochers difficile à voir et des risques de coulées sur une pente momentanément assez forte. La combe de droite, la Super S, ne pose pas de problèmes particuliers et peut être suivie presque jusqu'au fond de la vallée. On peut choisir de revenir assez tôt vers la droite pour rejoindre le croisement des pistes S et M, ce qui permet d'atteindre facilement le bas des remontées mécaniques. La combe de gauche, la Super-super S, plus étroite, rejoint la précédente vers le bas.

Solaise Express ou télécabine de Solaise

650 m	ouest
difficile; pente à 35° par intermittence	peu engagé
tout l'hiver	pour les bons
avalanches; petite barre rocheuse dans le bas	évident

GPS	Altitude	Latitude N	Longitude E
HAUT DE LA COMBE	2471 m	N 45°25'58,9"	E 6°59'20,9"

Photo 7 : Solaise, La Super S et la fin des Marmotte

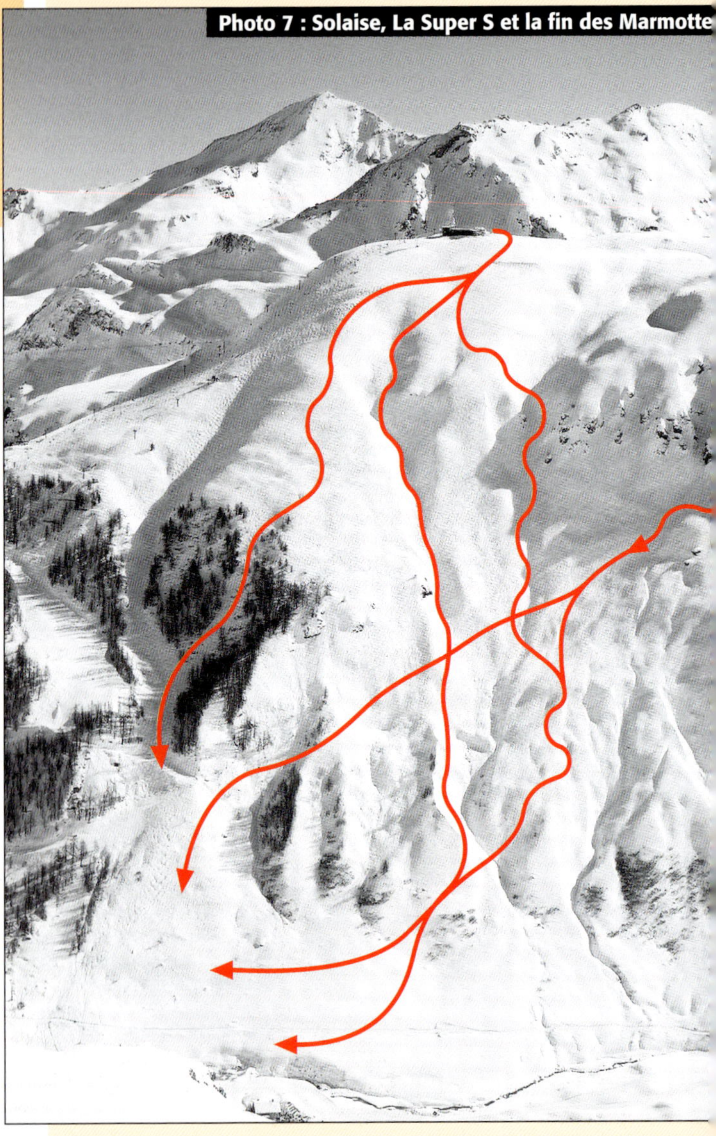

Photo 8 : Solaise, Les Marmottes

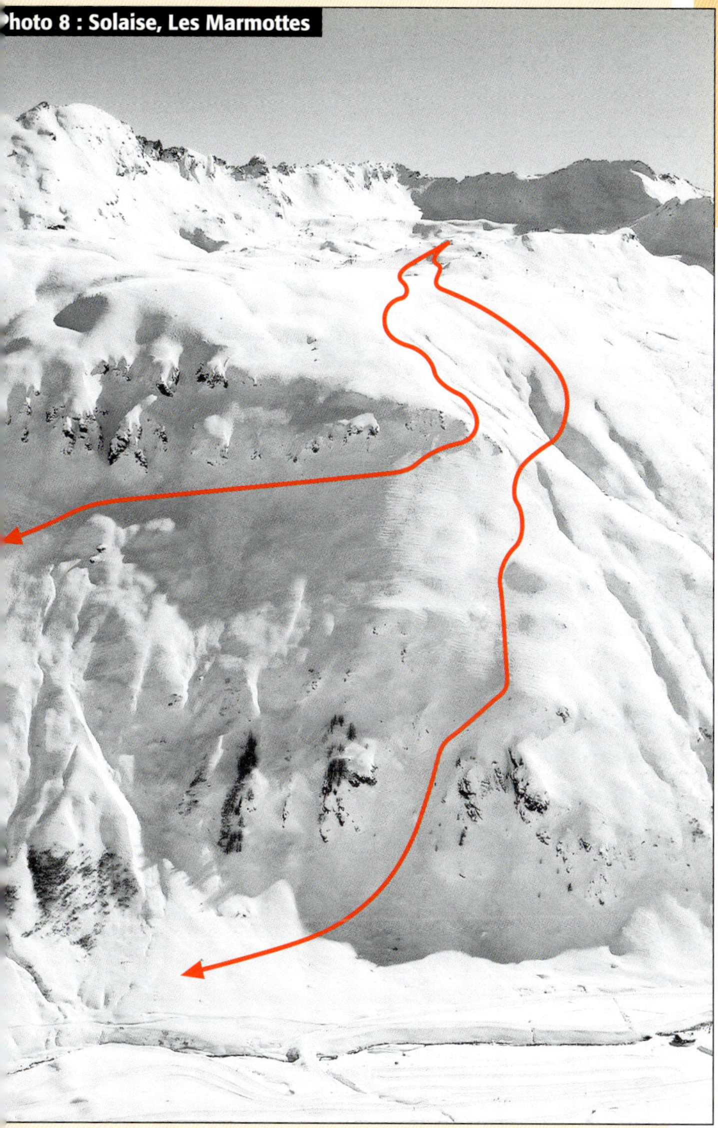

THE SUPER S

Only a few hundred metres away from the S piste, this run is particularly easy to get to. As for the Marmots run, first make sure of the quality of the snow, which is always unpredictable on west-facing slopes.

- **Route :** *go down the top of the Plan, staying left next to the ropes at the edge of the piste. When you get to the area where the paragliders take off (try not to get in the way), go off the piste to the left, down a wide, often very skied-out slope. From here, you can either ski straight down over the shoulder or go left down one of the two gullies (photo 7).*
  The descent down the shoulder, known as "la Croupe de la S", leads to a wood which you cross to get to the bottom of the piste. Don't try to get to the bottom of the gullies before the wood because of a small barely visible rock-face and the risk of snowslide on some very steep parts.
  The right-hand side gully, called Super S, is not difficult and can be followed to the bottom of the valley. You can turn right fairly soon to get to the junction of the S and M pistes which allow you to get to the bottom of the lifts fairly easily. The left-hand side gully is narrower and is commonly called the Super-super S. It joins the Super S in the lower part.

Solaise Express or Solaise cabin lift

650 m	*west*
difficult, 35° slope in parts	*not exposed*
all winter	*for the experienced*
avalanche, rocks towards the bottom	*obvious*

GPS	Altitude	Latitude N	Longitude E
TOP OF THE BOWL	2471 m	N 45°25'58,9"	E 6°59'20,9"

SUPER ARSELLE

L'une des plus belles pentes de Val, particulièrement en fin de matinée au printemps par neige transformée. L'après-midi la neige devient vite lourde en hiver, et dangereuse en fin de saison.

- **Itinéraire :** (photo 9)
  - Par le télésiège de la Madeleine.
    Au sommet, prendre tout de suite à droite la courte pente exposée à l'ouest qui mène à un large faux plat. On préférera peut-être monter dans l'axe du télésiège, face au sud, pendant une cinquantaine de mètres pour passer au-dessus d'une petite corniche. Il suffit ensuite de descendre vers le Manchet. Plusieurs passages sont possibles, à condition de se méfier de la barre rocheuse située à gauche.
  - Par le télésiège de Cugnaï.
    Prendre la piste Saint-Jacques pendant une dizaine de mètres pour pouvoir passer sous les sièges en vue d'une longue traversée à

télésiège de la Madeleine, télésiège de Cugnaï, ou télésiège du Manchet selon la variante	
650 m à 900 m	sud-ouest
assez difficile: neige parfois très lourde	assez engagé
printemps	parfait. Rester conscient de la dégradation de la neige
coulées rares mais possibles	peu complexe

GPS	Altitude	Latitude N	Longitude E
GRAND PLAN	2489 m	N 45°25'14,4"	E 6°59'27,9"
GRANDE COMBE	2324 m	N 45°25'13,7"	E 6°59'07,4"
CHALET L'ADROIT	2112 m	N 45°25'04,1"	E 6°58'48,6"
COL DE LA MADELEINE			
COL DE LA MADELEINE	2711 m	N 45°25'00,2"	E 7°00'17,9"
COMBE ROCHER DU FOIN	2575 m	N 45°25'04,4"	E 6°59'46,2"

gauche, face au nord-ouest. On atteint ainsi le Col de la Madeleine qui permet de rejoindre sur son versant droit les pentes précédentes. Si l'on s'est laissé dériver vers le sud et la vallée de Cugnaï, il faut revenir à droite à la hauteur du large replat situé à mi-pente.

- Par le télésiège du Manchet.
  Prendre à droite au sommet pour une longue traversée du faux plat en direction du sud. On rejoint ainsi la descente normale.

SUPER ARSELLE

One of the best slopes in Val, especially late morning in spring, in transformed snow. In the afternoon, the snow quickly turns heavy in winter and is dangerous at the end of the season.

- Route : *(photo 9)*

- From the Madeleine chairl: at the top, immediately turn right on a

Madeleine chairlift, Cugnaï chairlift or Manchet chairlift depending on variant	
650 m to 900 m	*southwest*
quite difficult, snow sometimes very heavy	*quite exposed*
spring	*perfect. Be aware of the changing quality of the snowpack*
snowslide is rare, but possible	*not complicated*

GPS	*Altitude*	*Latitude N*	*Longitude E*
GRAND PLAN	*2489 m*	*N 45°25'14,4"*	*E 6°59'27,9"*
LARGE BOWL	*2324 m*	*N 45°25'13,7"*	*E 6°59'07,4"*
CHALET L'ADROIT	*2112 m*	*N 45°25'04,1"*	*E 6°58'48,6"*
MADELEINE PASS			
THE PASS	*2711 m*	*N 45°25'00,2"*	*E 7°00'17,9"*
ROCHER DU FOIN BOWL	*2575 m*	*N 45°25'04,4"*	*E 6°59'46,2"*

Photo 9 : Solaise, 1. Super Arselle - 2. Le haut de Cugnaï

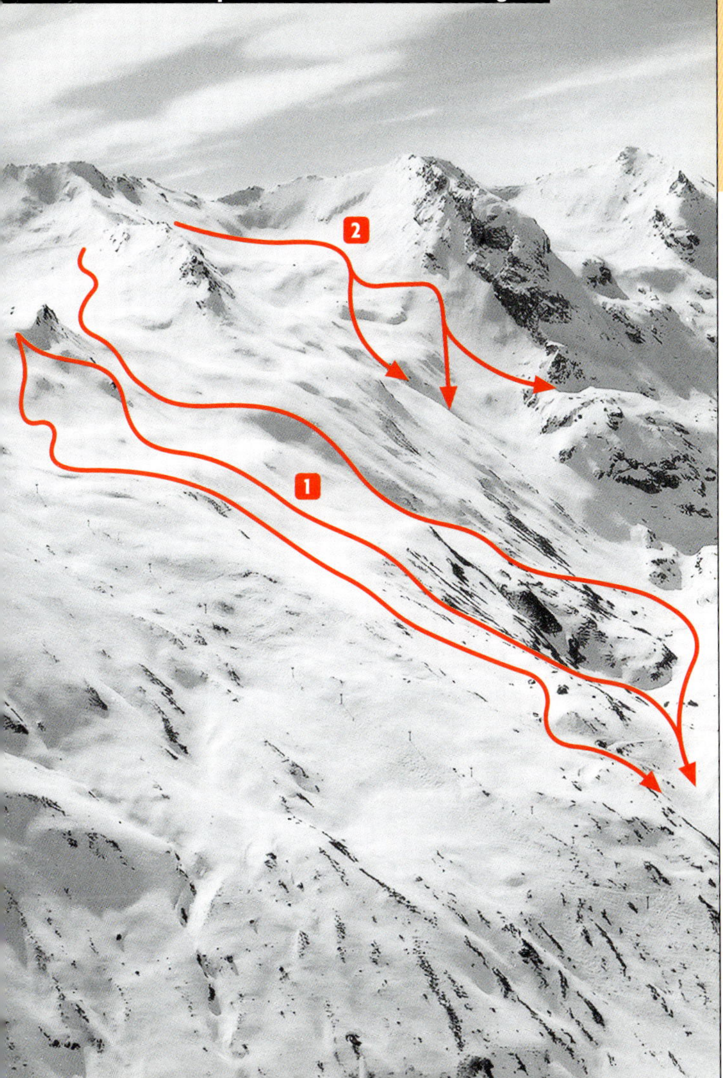

short west-facing slope leading to a wide flat area. You can also walk up for about 50 m in a straight line with the chairlift, to the south, to get above a small cornice. From there, just ski down to Le Manchet. Several options are possible but beware of the rocks on your left.

- *From the Cugnaï chairlift:*
  Go down the Saint-Jacques piste for a dozen or so metres and pass beneath the chairlift for a long traverse to the left in a northwesterly direction. On the other side of the Col de la Madeleine, you get to the slope described above. If you have veered off south in the direction of the Cugnaï valley, you will have to get back to the right at the level of a flat area, half way down the slope.
- *From the Manchet chairlift:*
  At the top, turn right and traverse to the south on a long rather flat section. From here you come to the normal route

LE VALLON DE CUGNAÏ

Une descente devenue une grande classique depuis l'ouverture du télésiège de Cugnaï; elle se pratique de préférence en neige fraîche car les traces sont vite nombreuses. Une très belle promenade en tous cas avec des options variées.

- **Itinéraire :** en haut du télésiège, on pourra, si la neige le permet, monter sur la crête située à droite et prendre tout de suite la pente orientée au sud. Plus classiquement on franchit, face à l'arrivée du télésiège, une petite barrière rocheuse pour rejoindre une courte traversée. Si l'enneigement est insuffisant il peut être nécessaire de déchausser pour ce passage étroit et délicat. On descend alors sans difficulté particulière dans une grande combe qui se rétrécit peu à peu jusqu'au bas du Vallon. On peut aussi prolonger la traversée pour rejoindre, de l'autre côté, la partie de la descente qui est abritée du soleil par la Pointe de l'Arselle. Là se trouve en général la meilleure neige, dont on pourra profiter

Départ	télésiège de Cugnaï

Dénivelé	900 m	Orientation	ouest
Difficulté	assez difficile, la qualité de la neige étant aléatoire	Engagement	assez engagé
Période	tout l'hiver	Remontée	long faux plat sur la fin
Danger		Orientation / itinéraire	peu complexe

GPS	Altitude	Latitude N	Longitude E
BOUT DE LA TRAVERSEE	2489 m	N 45°25'14,4"	E 6°59'27,9"
TRAVERSEE A GAUCHE	2324 m	N 45°25'13,7"	E 6°59'07,4"
SOUS LA BARRE	2112 m	N 45°25'04,1"	E 6°58'48,6"
VARIANTE FOURS			
DEBUT TRAVERSEE	2711 m	N 45°25'00,2"	E 7°00'17,9"
FIN TRAVERSEE	2575 m	N 45°25'04,4"	E 6°59'46,2"

sans risques, à l'exception de quelques cailloux pas toujours apparents (photo 10). Une fois au fond du vallon, la progression se fait le long de la Rivière de Cugnaï (photo 11), pour rejoindre sur la droite le télésiège du Manchet après l'ancien hameau.

Variante des Fours: une très belle variante consiste à se diriger vers le refuge des Fours. Pour cela, à la fin de la barrière rocheuse de l'Arselle, on oblique vers la gauche par un petit col. On aperçoit alors le refuge à 500 ou 600 m; un peu plus haut, au milieu d'une sorte de cirque. En poursuivant dans sa direction, on débouche sur l'un des plus beaux paysages de Val d'Isère, le Fond des Fours sous la pointe du Pelaou Blanc. On peut ensuite descendre presque partout, avec les précautions d'usage; soit en prenant les combes de droite, soit en poursuivant la traversée vers le fond du cirque pour atteindre les pentes situées en face (se méfier des coulées fréquentes). On rejoint alors facilement le vallon de Cugnaï.

Photo 10 : Solaise, le haut de Cugnaï

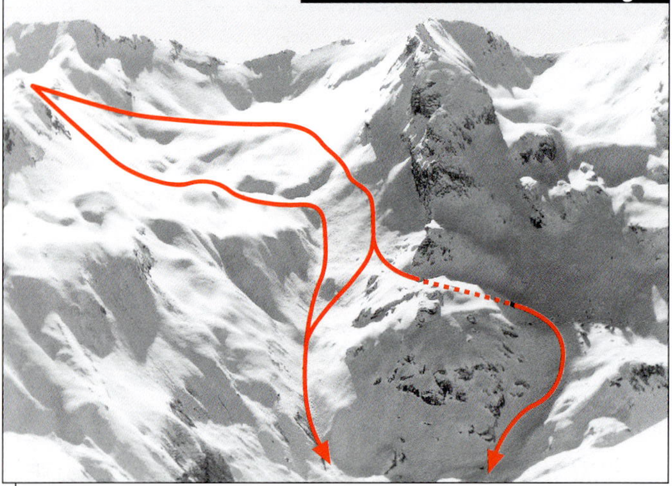

THE VALE OF CUGNAÏ

Eversince the opening of the Cugnaï chairlift, this run has been a great classic. It is best in new snow because it quickly becomes tracked-out. It remains a beautiful descent however, with several interesting options.

- ***Route :*** *if the snow cover is very good, you can climb up a crest to the right at the top of the chairlift and go straight down the slope facing south. But usually, one just goes down some rocks opposite the top of the chairlift, then ski along a short traverse. If there is not enough snow you may have to take your skis off for this narrow and tricky passage. Then, just enjoy a smooth descent down a wide bowl, gradually narrowing towards the bottom of the Vale.*

  Variant: You can also traverse a little further to the left, to get to the face shaded by the Pointe de l'Arselle, on the other side of the Vale. This is where you will find the best snow, the only risk being a few small, hidden rocks (photo 10). At the bottom of the bowl, the run fol-

Start	Cugnaï chairlift		
Vertical drop	900 m	Orientation	west
Difficulty	quite difficult, the snowpack always being unreliable	Exposure	quite exposed
Season	all winter		long level run at the bottom
Danger		Orientation/route finding	not complicated

GPS	Altitude	Latitude N	Longitude E
END OF THE TRAVERSE	2489 m	N 45°25'14,4"	E 6°59'27,9"
THE LEFT TRAVERSE	2324 m	N 45°25'13,7"	E 6°59'07,4"
BELOW THE ROCK BARRIER	2112 m	N 45°25'04,1"	E 6°58'48,6"
VARIANT FOURS			
BEGINNING OF THE TRAVERSE	2711 m	N 45°25'00,2"	E 7°00'17,9"
END OF TRAVERSE	2575 m	N 45°25'04,4"	E 6°59'46,2"

lows the Cugnaï river (photo 11) to the Manchet chairlift on the right, past the old hamlet.

The "Fours" variant: *a beautiful variant via the Fours hut. At the level of the rocks forming the lower part of the Arselle ridge, head diagonally to your left over a small col. From there, you can see the hut about 500 or 600 m away, slightly above you in the middle of a small amphitheatre Continue towards it and you come to some of the most scenic views of Val d'Isère , the "Fond des Fours", below the "Pointe du Pelaou Blanc". From here you can go down almost anywhere, with the usual care, either down the gullies on the right or by traversing further to the far end of the amphitheatre and the slopes opposite, watching out for frequent snowslide. You can then easily get back to the Vale of Cugnaï.*

hoto 11 : Solaise, 1. L'Arselle - 2. Le haut de Cugnaï

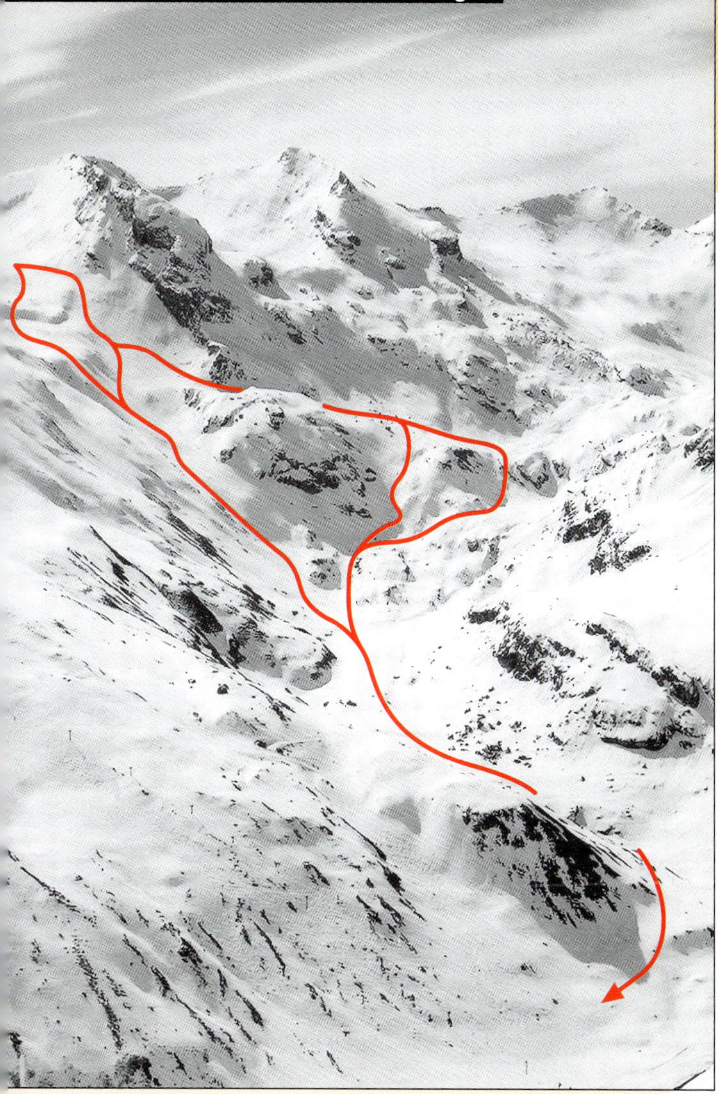

FORNET
VAL D'ISÈRE

15

LA FORET DU FORNET

Cette descente, très courte, est l'une des meilleures à faire par temps couvert ou par chute de neige. En effet la présence des arbres améliore très nettement la visibilité. Par ailleurs la qualité de la neige, sur ce versant exposé au nord et abrité du vent, est souvent excellente.

- **Itinéraire :** en sortant du téléphérique du Fornet, passer devant la terrasse du restaurant, et descendre à droite pour franchir le petit pont. On remonte en face de quelques mètres jusqu'au poteau électrique. La descente par la combe que l'on aperçoit en contrebas sur la droite rejoint rapidement la piste noire de la Forêt. Une traversée d'une cinquantaine de mètres à gauche permet d'arriver à l'aplomb des premiers mélèzes. La descente à cet endroit mène directement jusqu'en bas du Fornet, à condition de ne pas chercher à revenir vers la combe dont on est vite séparé par une barrière rocheuse. A l'approche du village, le mieux est de sortir assez tôt vers la droite, pour rejoindre le bas de la piste, en franchissant le ruisseau de l'Iseran (photo 12).

téléphérique du Fornet

380 m	nord
assez difficile. Difficile par le couloir	assez engagé
tout l'hiver	bien. Il faut maîtriser le passage entre les arbres
barres rocheuses	peu complexe

GPS	Altitude	Latitude N	Longitude E
PYLONE EDF	2304 m	N 45°26'30,9"	E 7°00'58,4"
ENTREE PLAN CHARBONNEL	2230 m	N 45°26'36,1"	E 7°00'50,2"
ENTREE GERTHOFFER	2301 m	N 45°26'31,8"	E 7°00'44,3"

- **Variante du Plan Charbonnel:** une très agréable variante consiste à poursuivre la traversée vers la gauche après le pont, sur une centaine de mètres environ et à descendre le long des premiers arbres derrière lesquels se trouve une barrière rocheuse. Celle-ci se franchit cinquante mètres plus bas par un ou deux passages que l'on devine, et qu'il faut suivre prudemment. Une courte traversée mène dans un petit cirque parsemé de mélèzes, appelé Plan Charbonnel. On peut alors descendre directement dans la forêt vers le village du Fornet, ou poursuivre la traversée jusqu'au fond du cirque et descendre sur la partie gauche, le long des rochers où la neige est souvent très bonne. On découvre ensuite une pente assez dégagée qui mène à la route du Fornet. Là, il faut: soit descendre le long de la rive gauche de l'Isère jusqu'à l'arrêt de la navette en bas de la piste Mattis; soit remonter à pied vers le Fornet et le départ du téléphérique.
- **Variante Gerthoffert:** par bonne visibilité les fanatiques de couloirs peuvent accéder au Plan Charbonnel en empruntant le «Couloir Gerthoffert». Celui-ci tient son nom d'un parisien (une fois n'est pas coutume) de l'Armée de l'Air, qui fut le premier avec Guy Bonnevie à emprunter ce passage, à une époque où ce sport passait pour une folie. Pour l'atteindre, il faut poursuivre vers l'ouest après le pont, sur environ trois cents mètres, en longeant la très haute barre rocheuse qui amène à l'extrémité gauche du cirque. Attention, car si le début du couloir n'est pas très difficile à trouver, l'erreur peut être fatale.

THE FORNET FOREST

This very short run is probably the best you can do if the weather is bad or in a snowfall. The visibility is improved by the trees and the snow is often excellent on this north-facing slope, sheltered from the wind.

- **Route :** *cross in front of the restaurant terrace at the top of the cable car and go down to the right over a little bridge. Go to the electricity pylon a few yards up the slope. The gully you can see to the right goes to the black piste of the Forest, not far below. Traverse about 50 m to the left to get to the edge of the forest. If you ski straight down, you get to the bottom of the Fornet, but don't try to get back into the gully because of the rocks. The best is to go right fairly early when nearing the village, and cross the Iseran stream to join the bottom part of the piste (photo 12).*
- **Plan Charbonnel variant:** *a nice variant consists in continuing the traverse to the left, after the bridge, for about 100 m. Go down along-side the first trees, behind which you will find a rock barrier. You can get through it 50 m further, down one or two poorly defined passages which you must follow carefully. Then traverse a short way to a small*

Fornet cable car	
380 m	north
difficult. Difficult down the couloir	quite exposed
all winter	good if able to ski through forest
rocks	not complicated

GPS	Altitude	Latitude N	Longitude E
EDF PYLONE	2304 m	N 45°26'30,9"	E 7°00'58,4"
ENTRANCE TO PLAN CHARBONNEL	2230 m	N 45°26'36,1"	E 7°00'50,2"
START OF GERTHOFFER	2301 m	N 45°26'31,8"	E 7°00'44,3"

amphitheatre with a few larch trees, called Plan Charbonnel. From here, you can either go straight down through the forest, to the village of Fornet, or continue traversing to the far end of the bowl, and go down on the left-hand side, alongside the rocks, where the snow is often very good. You then come across a fairly open slope leading to the route du Fornet. There, you must either go down the Isère river left bank to the bus stop at the bottom of the Mattis piste, or walk back up to the Fornet cable car.

- ***Gerthoffert variant:*** *in good visibility, couloir fanatics can get to Plan Charbonnel via the "Gerthoffert couloir", named after a Parisian (for once) from the French air force who, along with Guy Bonnevie (our author), was the first to open this route at a time when the sport was considered utter madness. Go west after the bridge for about 300 m. Go along the whole length of the rock-face to the far left, being especially cautious. Although the start of the couloir is not difficult to find, an error could be fatal.*

Photo 12 : La Forêt du Fornet

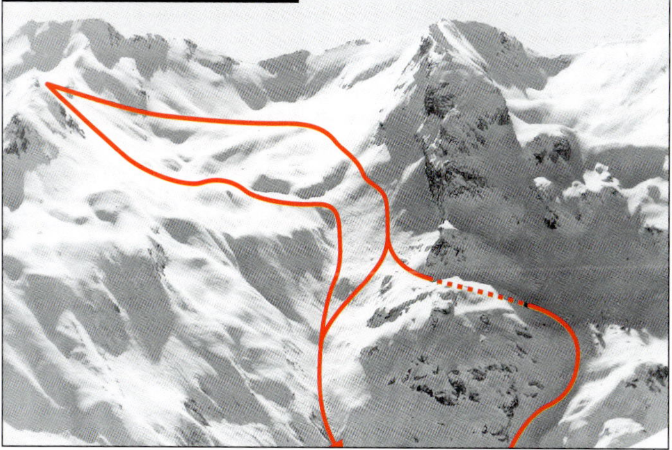

LE LIEVRE BLANC

Il s'agit d'une pente peu pratiquée, sans doute à cause du risque important de coulées, ou peut-être à cause de la difficulté qu'il peut y avoir pour rejoindre la route.

- **Itinéraire :** (photo 13) prendre au départ du Fornet comme pour la Forêt. Après le pont, il faut poursuivre sur la route qui mène au col de l'Iseran, en montée face à l'ouest sur 400 à 500 m. Pendant cette marche, on domine sans la voir la barrière rocheuse bordée de sapins qui surplombe le Plan Charbonnel et la forêt du Fornet. Tout de suite après cette barrière, la route fait un léger virage à gauche et cesse de monter. On aperçoit alors sur la droite le début d'une combe assez étroite. Celle-ci mène à une sorte de couloir pas très pentu, que l'on peut emprunter, et dont l'épaule gauche est praticable dans le dernier tiers, en fonction de la qualité de la neige. L'épaule droite est dangereuse, car la neige repose fragilement sur des dalles rocheuses.

En ne descendant pas trop, il est possible de rejoindre en traversée

téléphérique du Fornet	
500 m	nord
difficile	assez engagé
tout l'hiver	pour les bons
avalanches	peu complexe

GPS	Altitude	Latitude N	Longitude E
ROUTE	2319 m	N 45°26'31,1"	E 7°00'41,9"
ENTREE COMBE	2256 m	N 45°26'35,2"	E 7°00'33,4"
ENTREE LIEVRE BLANC 2	2187 m	N 45°26'35,7"	E 7°00'21,0"

Photo 13 : Fornet, le Lièvre Blanc

vers la gauche le bas de la piste Mattis. En poursuivant par contre jusqu'en bas, on rencontre l'Isère. Il faut alors longer la rivière vers l'aval, ce qui est souvent fastidieux.

Une variante consiste à poursuivre encore la route sur 200 mètres jusqu'à découvrir sur la droite une large combe bien dégagée. Cette pente est accessible depuis Solaise: pour cela il faut suivre la route qui mène au départ de la Mattis. A cet endroit, laisser la piste sur la gauche et descendre tout droit. La combe se rétrécit à l'entrée de la forêt. On poursuit par des pentes très raides entre quelques bouquets d'arbres clairsemés. On rejoint alors le bas du premier itinéraire.

THE WHITE HARE

This is not a very popular run, probably because of the avalanche risk, or maybe the difficulty to get back to the road.

- **Route :** *(photo 13) At the top of the Fornet cable car, go past the restaurant and cross the small bridge. Then take the route leading to*

Fornet cable car	
500 m	north
difficult	quite exposed
all winter	for the experienced
avalanche	not complicated

GPS	Altitude	Latitude N	Longitude E
ROAD	2319 m	N 45°26'31,1"	E 7°00'41,9"
ENTRANCE TO THE COMBE	2256 m	N 45°26'35,2"	E 7°00'33,4"
ENTRANCE TO THE LIEVRE BLANC 2	2187 m	N 45°26'35,7"	E 7°00'21,0"

the Col de l'Iseran, climbing 400 m to 500 m on the slope facing west. You thus follow without seing it the top of a rock-face, edged with fir trees, overlooking the Plan Charbonnel and the Fornet forest. Just at the end of this rock-face, the track veers to the left and becomes level. To the right, you can make out the start of a fairly narrow gully. It leads to a kind of moderately angled couloir, which you can go down. The bottom third of its left part can be skied in good snow conditions, but the right shoulder is dangerous because the snow is unstable on the rock slabs underneath.

If you don't go too far down, you can get back to the bottom of the Mattis piste by traversing to the left. But if you go down to the bottom, you get to the Isère river and you have to follow it downstream along the bank, which can be rather tedious.

A variant consists in following the track at the top for another 200 m until you come to a wide unobstructed gully to the right. This can also be reached from Solaise if you take the route leading to the start of the Mattis piste. Leave the piste to your left and go straight down. The gully gets narrower at the start of the forest. Then you can enjoy some very steep sections between a few clumps of trees until you join the bottom of the first route.

L'EPAULE DU PETIT SIGNAL

17

Rapidement accessible, cette courte descente n'en est pas moins agréable. L'altitude et l'orientation nord-ouest permettent d'espérer une bonne tenue de la poudre en début d'hiver, et de la neige transformée au printemps. On se méfiera cependant du risque de plaques sur ce versant très exposé au vent.

- **Itinéraire :** (photo 14) à partir du haut du téléski du Signal, passer le col puis prendre immédiatement en traversée sur la gauche. Rejoindre la ligne de crête pour descendre jusqu'au pied de la tour rocheuse qui marque le sommet du Petit Signal. Contourner ce bloc par la droite, d'abord en traversée, puis en descendant d'une dizaine de mètres pour parvenir jusqu'à la fin de la corniche qui délimite habituellement la barre rocheuse située au nord du sommet. En la traversant on parvient sur une sorte de dôme d'une trentaine de mètres de large. De là on distingue très bien l'arrivée du téléphérique du Fornet, vers laquelle il faut se diriger.
  On se méfiera d'une première barre rocheuse située légèrement

téléphérique du Fornet puis téléski du Signal	
550 m	nord-ouest
assez difficile; pente: 25° à 30°	assez engagé
tout l'hiver	pour les bons
plaques à vent	évident

GPS	Altitude	Latitude N	Longitude E
PETIT COL	2854 m	N 45°26'08,9"	E 7°01'56,1"
HAUT DE L'EPAULE	2808 m	N 45°26'12,7"	E 7°01'51,9"
DEBUT TRAVERSEE VALLON P. SIGNAL	2427 m	N 45°26'30,6"	E 7°01'21,3"
ENTRÉE DE LA COMBE	2704 m	N 45°26'09,3"	E 7°01'38,1"

à gauche de cet axe. Pour l'éviter, on passera assez près des deux poteaux bien visibles un peu sur la droite, destinés à acheminer les explosifs de déclenchement des avalanches. Un autre passage, plus étroit et plus pentu, existe juste à droite d'un troisième poteau situé à gauche. La descente peut ensuite être poursuivre sans difficulté vers le téléphérique, par une petite combe orientée au nord, dont l'entrée apparaît bientôt sur la gauche. Se méfier du manque de pente sur la fin qui peut gêner la progression en neige profonde.

THE SHOULDER OF THE PETIT SIGNAL

This short run is quick to get to and yet very pleasant. The altitude and northwest facing aspect mean you can expect powder throughout the beginning of the winter and good transformed snow in the spring. Be aware, however, of the risk of windslab on this very wind-blown slope.

- ***Route :*** *(photo 14) from the top of the Signal lift, go over the col and traverse immediately to the left. Go to the crestline and ski down to*

Fornet cable car and Signal ski lift	
550 m	*northwest*
quite difficult, 25° to 30° slope	*quite exposed*
all winter	*for the experienced*
windslab	*obvious*

GPS	Altitude	Latitude N	Longitude E
LITTLE COL	*2854 m*	*N 45°26'08,9"*	*E 7°01'56,1"*
TOP OF THE SHOULDER	*2808 m*	*N 45°26'12,7"*	*E 7°01'51,9"*
START OF THE TRAVERSE TO THE P. SIGNAL	*2427 m*	*N 45°26'30,6"*	*E 7°01'21,3"*
ENTRANCE TO THE BOWL	*2704 m*	*N 45°26'09,3"*	*E 7°01'38,1"*

the foot of a rock tower at the top of the Petit Signal. Go to the right of this block, first in a traverse and then down a dozen metres, to the end of a cornice which usually marks the edge of a rock barrier to the north of the summit. By crossing this, you get to a wide hilltop, about 30m wide. From here, head towards the top of the Fornet cable car, which you can see easily.

Watch out for a rock barrier to the left of your line of progress. To avoid it, you must go slightly to the right, close to two conspicuous pylons used for transporting dynamite (to set off preventive avalanche). There is another narrower and steeper route to the right of a third pylon, on your left. Soon, you come to a little north-facing gully on your left. This takes you straight down to the cable car and it is not difficult. Be prepared for the very small angle of the slope towards the end, which slows the progression in deep snow.

LE VALLON DU PETIT SIGNAL

Très aisément accessible, cette descente est une bonne mise en jambes avant d'attaquer les pentes du Grand Vallon ou du Col Pers. La neige est le plus souvent bonne, compte tenu de l'exposition, mais on se méfiera des coulées sur les pentes les plus raides. Malgré la proximité des remontées, la variété des passages permet de trouver de la neige vierge bien après les chutes de neige, ce qui devient un luxe. Par visibilité réduite, il vaut mieux rester à proximité du téléski pour être à l'abri de toute mauvaise surprise.

- **Itinéraire :** (photo 14). En haut de la remontée du Signal, prendre la piste sur quelques mètres pour revenir dès que possible vers la droite de l'autre côté du téléski. On peut alors profiter de la belle pente située entre celui-ci et la barre rocheuse du Petit Signal. On rejoint la piste un peu plus bas. Il faut la suivre sur une vingtaine de mètres avant de prendre sur la droite la petite combe qui mène sans difficulté au sommet du téléphérique du Fornet.

  Par mauvaise visibilité, on préférera poursuivre sur la piste le long du virage à gauche qui amène à croiser de nouveau le téléski. La descente est alors possible le long du téléski, d'un côté comme de l'autre, en le serrant de près si on choisit le côté droit, car il faut se méfier d'une petite barre située à une dizaine de mètres après le virage de cette remontée. On peut choisir de descendre plus à droite, entre le téléski et le télécabine du Vallon de l'Iseran, à condition de se garder de cette première barre et d'une autre située à la même hauteur, pratiquement sous les câbles du télécabine. C'est là qu'on trouvera la meilleure pente.

téléski du Signal	
500 m	nord-ouest
peu difficile	peu engagé
tout l'hiver	très bien
coulées. Quelques barres rocheuses	évident. Plusieurs possibilités

THE VALE OF THE PETIT SIGNAL

This slope is a good warm up before setting out for the slopes of the Grand Vallon or the Col Pers. It is very easy to get to. The snow is usually of good quality but watch out for snowslide on the steeper sections. Although it is close to the lifts, one often finds virgin stretches of snow there, long after snowfall (thanks to the variety of possible routes), which is a rare luxury. In poor weather, stay close to the ski lift to avoid any mishaps.

- **Route :** *(photo 14) from the top of the Signal lift, ski down the piste for a few metres before cutting across the lift to the right as soon as possible. You can then enjoy a beautiful slope, between the lift and the Petit Signal rock barrier. Get back to the piste a little below . Follow it for about 20 m before taking to the right down an obvious gully leading to the top of the Fornet cable car.*

  In poor visibility, it is better to stay on the piste, which veers to the left before crossing the ski lift again. From here, you can go down on either side of the lift, following it closely if you are on the right-hand side, as there is a rocky section about a dozen metres after the bend in the lift. You can also choose to ski further to the right, between the ski lift and the "Vallon de l'Iseran cabin lift, as long as you keep in mind this rock-barrier and another one on the same level, almost directly below the cables of the cabin lift. This is the best slope.

Fornet cable car and Signal ski lift	
500 m	*northwest*
quite difficult	*not exposed*
all winter	*very good*
snowslide. Several rock barriers	*obvious. Various possibilities*

LE GRAND VALLON

Les amateurs sont nombreux à se précipiter vers le Grand Vallon après chaque chute de neige importante, lorsque le soleil revient. Cette face nord, facile d'accès et sans difficulté technique garantit souvent une neige de très bonne qualité. Comme toute médaille a son revers, il faut avouer qu'il est de plus en plus difficile d'y faire sa trace, à moins d'être excessivement rapide et matinal. A défaut, la neige striée dans tous les sens devient vite un champ de bataille.

- **Itinéraire :** pour rejoindre cette pente, il faut prendre le téléski du Signal

téléphérique du Fornet puis téléski du Signal

550 m ou 950 m selon l'option	nord/nord-ouest
peu difficile, sauf par endroits	assez engagé
tout l'hiver	parfait
avalanches	peu complexe, avec variantes

GPS	Altitude	Latitude N	Longitude E
BAS PREMIERE PENTE	2645 m	N 45°26'22,0"	E 7°01'54,2"
HAUT DE LA GRANDE PENTE	2573 m	N 45°26'25,0"	E 7°01'45,2"
GRAND VALLON 2			
FIN TRAVERSEE	2795 m	N 45°26'19,5"	E 7°02'19,4"
HAUT GRANDE PENTE	2591 m	N 45°26'28,1"	E 7°02'03,5"
ENTREE COMBE	2592 m	N 45°26'30,3"	E 7°02'07,0"
CHALET DES GARDES	2329 m	N 45°26'48,0"	E 7°01'39,2"
FACE N GRAND VALLON			
COL	2825 m	N 45°26'25,4"	E 7°02'29,5"
CREUX DE L AIGUILLE	2733 m	N 45°26'31,9"	E 7°02'38,4"
HAUT GD PENTES	2527 m	N 45°26'48,0"	E 7°02'19,1"
ROUTE	2106 m	N 45°27'09,8"	E 7°02'10,8"

Photo 14 : Fornet, 1. Le vallon du Petit Signa
2. L'épaule du Petit Signal - 3. Le Grand Vallo

en haut du téléphérique du Fornet. A l'arrivée, on bascule tout de suite à gauche derrière la crête, pour une très large descente qui domine la vallée de l'Isère (photo 14). Plusieurs options sont alors possibles:

- Revenir vers le haut du téléphérique du Fornet. Pour cela, il faut, après 500 m de descente, prendre en traversée sur la gauche, au début d'une sorte de grand faux plat. La traversée se poursuit sur une pente assez faible, jusqu'aux remontées mécaniques. A tout moment on peut changer d'avis et poursuivre la descente jusqu'en bas du Fornet. Se méfier toutefois de quelques barres de rochers, en général visibles, et des ponts recouverts de neige que traverse la route du Col de l'Iseran.
- Depuis le haut, il est possible aussi de descendre directement vers le fond de la vallée, en poursuivant au-delà de la traversée du faux plat, face au nord. On atteint sans difficultés les pentes qui entourent le vallon du ruisseau des Sounières. On restera de préférence sur la rive droite de cette combe, pour éviter quelques barres qui obstruent l'autre versant. En bas, prendre progressivement à gauche pour rejoindre le virage de la piste Mangard, là où elle quitte la route de l'Iseran.
- Une variante, en fonction de la qualité de la neige, consiste à prendre dès le départ en traversée vers la droite jusqu'à atteindre le versant ouest de la Pointe du Grand Vallon. Plus avalancheuse, la neige y est aussi plus vite transformée au printemps. De là on rejoint facilement le faux plat.

Variante de la face Nord de la Pointe du Grand Vallon: on peut profiter des belles pentes nord qui surplombent l'Isère entre le ruisseau des Sounières et le pont Saint-Charles. Prendre comme précédemment la pente ouest de la Pointe du Grand Vallon, et tourner à droite dès que possible pour passer derrière le sommet vers la face nord. Descendre ensuite sur l'Isère, la pente moyenne étant proche de trente degrés.
Se méfier d'un barre assez dangereuse située dans la direction du pont. Il faut donc commencer la descente sur la partie gauche ou médiante du

plan, et rejoindre vers la gauche le virage de la piste Mangard, ou revenir prudemment vers la droite en vue de cette barre pour rejoindre ensuite le Pont Saint-Charles.

On peut au contraire prendre complètement à droite tout de suite derrière la Pointe du Grand Vallon pour rejoindre la combe du ruisseau du Vallonnet, et la suivre ensuite jusqu'au pont. Après avoir franchi ce dernier, prendre en pas de patineur la route qui mène vers le Fornet.

THE GREAT VALE

As soon as the sun comes out after heavy snowfall, skiers flock to the Grand Vallon. Very good snow is almost guaranteed on this north-facing, easily accessible, not technically difficult slope. The obvious drawback is that it is very difficult nowadays to make your own tracks unless you are quick and up first thing in the morning. Otherwise the tracked-out slope soon becomes a real battlefield.

- ***Route :*** *at the top of the Fornet cable car, take the Signal ski lift. Go down straight away on your left, behind the crest, on a very wide slope above the Isère valley (photo 14). From here, there are several options:*
  - *Go back to the top of the Fornet cable car: ski down 500 m and then traverse to the left at the start of a large flat section. This traverse takes you to the lifts. You can change your mind at any time and go down to the bottom of Fornet. Watch out for a few rocks however (usually conspicuous) and for the snow-covered bridges crossed by the road from the col de l'Iseran .*
  - *Go down directly to the bottom of the valley: ski past the traverse mentioned above and get to the slopes surrounding the vale of the Sounières stream (no obvious difficulty). It is better to stay on the right bank of this gully, to avoid the rocks on the opposite side. At the bottom, veer to the left to join the Mangard piste in the bend, where it leaves the Iseran road.*

- A variant is possible if the snow is good: traverse to the right at the very start to reach the western side of the Pointe du Grand Vallon. This slope is avalanche prone but the snow texture changes faster here in the spring. From here it is easy to get to the flat section.

Variant of the north-face of the Pointe du Grand Vallon: *this allows you to enjoy the beautiful north-facing slopes above the Isère, between the stream of Sounières and the Saint-Charles bridge. As above, traverse to the western side of the Pointe du Grand Vallon and*

Fornet cable car and Signal ski lift	
550 m or 950 m depending on route chosen	north, northwest
not difficult, except in places	quite exposed
all winter	perfect
avalanche	not complicated, with variants

	Altitude	Latitude N	Longitude E
BOTTOM OF THE 1ST SLOPE	2645 m	N 45°26'22,0"	E 7°01'54,2"
TOP OF THE LARGE SLOPES	2573 m	N 45°26'25,0"	E 7°01'45,2"
GRAND VALLON 2			
END OF THE TRAVERSE	2795 m	N 45°26'19,5"	E 7°02'19,4"
TOP OF THE WIDE SLOPE	2591 m	N 45°26'28,1"	E 7°02'03,5"
ENTRANCE TO THE BOWL	2592 m	N 45°26'30,3"	E 7°02'07,0"
CHALET DES GARDES	2329 m	N 45°26'48,0"	E 7°01'39,2"
GRAND VALLON NORTH FACE			
COL	2825 m	N 45°26'25,4"	E 7°02'29,5"
CREUX DE L AIGUILLE	2733 m	N 45°26'31,9"	E 7°02'38,4"
TOP OF THE LARGE SLOPES	2527 m	N 45°26'48,0"	E 7°02'19,1"
ROAD	2106 m	N 45°27'09,8"	E 7°02'10,8"

turn right as soon as possible to get behind the crestline, towards the north face. Ski down to the Isère on a slope averaging 30°.
Watch out for a dangerous rock barrier in the general direction of the bridge. You should therefore start your descent on the left or middle part of the slope and then join the bend in the Mangard piste on your left, or cautiously get back to the right until you see the rocks, before heading towards the Saint-Charles bridge.
You can also take immediately to the right after the Pointe du Grand Vallon to reach the gully of the Vallonnet stream and follow it to the bridge. Once over the bridge, skate along the road to the Fornet.

LES VALLONNETS

Accessible aussi par le Col Pers, cette très belle descente déçoit rarement. Le paysage est varié, la pente suffisante sans être difficile, et l'exposition nord garantit généralement la qualité de la neige.

- **Itinéraire :** du sommet du Signal, s'avancer vers l'est en traversée, comme pour rejoindre la Pointe du Grand Vallon. Le col situé avant la Pointe donne sur le côté est du glacier du Grand Vallon. Il est souvent surmonté d'une petite corniche généralement facile à franchir.
  Juste après ce col, sur la gauche, une première combe, le creux de l'Ouille, conduit sans trop de difficultés vers la face nord. En se tenant sur la droite du creux, un petit passage entre les barres permet de rejoindre le ruisseau du Vallonnet et de descendre vers le pont Saint-Charles. La neige peut être très soufflée par le vent sur cette pente, et le déclenchement de plaques est alors possible.
  Une autre option consiste à traverser le glacier vers l'est, pour atteindre une seconde combe beaucoup plus vaste. Celle-ci comporte plusieurs petites barres rocheuses, parfois sùrmontées de corniches. On les évitera

téléski du Signal	
950 m	nord
assez difficile	engagé
tout l'hiver	traversée au début, long faux plat à la fin
quelques barres. Plaques à vent	peu complexe

GPS	Altitude	Latitude N	Longitude E
DEBUT TRAVERSEE A DROITE	2654 m	N 45°26'39,1"	E 7°02'39,1"
FIN TRAVERSEE	2632 m	N 45°26'39,0"	E 7°02'43,3"
GRANDES PENTES	2512 m	N 45°26'46,4"	E 7°02'39,0"
CREUX DU VALLONNET	2446 m	N 45°26'54,0"	E 7°02'43,4"

au mieux en restant complètement sur la gauche, dans le ruisseau du Vallonnet, ou au contraire en se dirigeant entre les obstacles vers la partie droite de la combe, une belle descente orientée au nord-ouest. Les passages entre les rochers y sont nombreux, le mieux étant de se tenir dans les creux en restant prudent. On rejoint ainsi sur la gauche le bas de la combe principale (photo 17), qui décrit ensuite un virage «gauche-droite» avant de déboucher à l'aplomb du pont Saint-Charles.

THE VALLONNETS

This beautiful run is rarely disappointing. The slope is steep enough without being difficult, the landscape is varied and its north-facing aspect gives for good snow. It is also accessible from the Col Pers.

- **Route :** *traverse to the east at the top of the Signal lift, as if to go to the Grand Vallon Peak. The col before the peak leads to the east side of the Grand Vallon glacier. There is often a small cornice on it, but this is easy to get past.*

Fornet cable car and Signal ski lift	
950 m	*north*
quite difficult	*exposed*
all winter	*traverse to start and long level section to finish*
several rocks. Windslab	*not complicated*

GPS	Altitude	Latitude N	Longitude E
START OF TRAVERSE RIGHT	2654 m	N 45°26'39,1"	E 7°02'39,1"
END OF THE TRAVERSE	2632 m	N 45°26'39,0"	E 7°02'43,3"
LARGE SLOPES	2512 m	N 45°26'46,4"	E 7°02'39,0"
"CREUX DU VALLONNET"	2446 m	N 45°26'54,0"	E 7°02'43,4"

Just after the col, there is a first gully on the left, called the Creux de l'Ouille, leading to the north face with no difficulty. Keeping to the right of the gully, you come to a small passage between the rocks, leading to the Vallonnet stream and down towards the Saint-Charles bridge. The snow can be very wind-blown on these slopes and slabs can be set off.
Another option is to traverse east across the glacier to a second, much bigger gully. There are several rock barriers here, some with cornices. They are best avoided by staying completely left, in the Vallonnet gully or else by zigzagging between obstacles towards the right-hand side of the gully. This is a beautiful run on a northwest facing slope. There are many passages between the rocks, the best option being to remain mostly in the depressions and to be cautious. You will then join the lower section of the main bowl, on your left (photo 17) and come to a "left-right" double bend before arriving just above the Saint-Charles bridge.

PISSAILLAS
VAL D'ISÈRE

LE GRAND PISSAILLAS

21

Situé à proximité immédiate des pistes et des remontées, cette descente bénéficie de l'avantage de l'altitude: la neige reste souvent bonne longtemps après les chutes. Par contre la pente assez faible ne permet pas de skier lorsque la couche est trop épaisse. C'est en fait l'endroit idéal pour pratiquer l'école du hors-pistes, et le royaume de ceux qui s'initient aux joies du snowboard.

- **Itinéraire :** (photo 15) en partant du sommet de la remontée de la Cascade, prendre le début de la piste Moraine qui descend le long du télésiège. On atteint rapidement un long faux plat après lequel on peut quitter la piste de part ou d'autre. Le seul danger est constitué par la barre rocheuse qui borde le glacier sur la gauche en descendant. Il suffit de rester sous les sièges ou à proximité pour ne courir aucun risque.
  - Les Cascades: les très bons skieurs peuvent, lorsque la neige s'y prête, profiter d'une variante plus technique qui mène au téléski du Pays Désert. Il faut quitter la ligne du télésiège franchement sur la gauche (à 45° environ), une fois arrivé au quatrième poteau en partant du haut. Après 200 m, on passe près d'une roche assez visible, au-delà

télésiège Cascade Express

400 m	ouest
facile	peu engagé
tout l'hiver	bien pour débuter en hors-pistes
barrière rocheuse au sud	évident

GPS	Altitude	Latitude N	Longitude E
INTERSECTION	3012 m	N 45°25'14,3"	E 7°03'15,1"
ENTREE CASCADES	2876 m	N 45°25'11,0"	E 7°02'50,1"

de laquelle il faut poursuivre en se méfiant de la barre rocheuse, très élevée à cet endroit. La pente s'incurve progressivement vers la droite, conduisant à une sorte de langue, brève mais amusante, inclinée à 40°, sur laquelle des coulées peuvent malheureusement se produire. On poursuit ensuite sur le faux plat en direction du téléski.

THE GREAT PISSAILLAS

This run is very close to the slopes and lifts, and benefits from the altitude: the snowpack remains intact for a long time after snowfall. It is an excellent place to discover off-piste skiing, and ideal for the less experienced snowboarders. However, the slope is not steep enough to be very interesting just after a big snowfall.

- ***Route :*** *(photo 15) from the top of the Cascade Express, ski down the top of the Moraine piste which goes along the side of the lift. You soon get to a long level stretch. Once past this, you can leave the piste wherever you want. The only danger is that of a rock barrier on the left-hand side of the glacier, as you go down. To avoid any danger, just stay below the lift cables.*

Cascade Express	
400 m	*west*
easy	*not exposed*
all winter	*good to begin riding off-piste*
rock barrier to the south. Avalanche	*obvious*

GPS	Altitude	Latitude N	Longitude E
INTERSECTION	3012 m	N 45°25'14,3"	E 7°03'15,1"
WATERFALL ACCESS	2876 m	N 45°25'11,0"	E 7°02'50,1"

- *The Cascades: this is a more technical variant for very good skiers when the conditions are right. This leads to the Pays Désert ski lift. At the 4th pylon from the top, go left on a 45° angle. About 200 m further, you come to a striking (usually visible) rock. Past this, go on carefully, watching out for a very high rock-face. The slope then curves to the right towards a sort of tongue. This 40° slope is short but fun, but be aware of the avalanche danger. Carry along the level section to the ski lift.*

LA COMBE DES 3300

Une descente agréable qui est une alternative au Pays Désert. Par contre, la neige n'est pas toujours bonne sur cette pente plus exposée au sud.

- **Itinéraire :** à partir du télésiège de la Cascade, rejoindre le bas du téléski des 3300. En dessous de ce remonte-pente, et dans l'axe, on trouve une large combe qui s'incurve ensuite légèrement vers la gauche (photo 15). Elle traverse la haute barrière rocheuse qui se trouve à cet endroit, et mène vers la cuvette de la Reculaz. On peut alors traverser cette cuvette pour rejoindre la fin du Pays Désert, mais on préférera, si la neige le permet, continuer sur la rive droite puis suivre le fond de la petite vallée qui conduit au téléski.

  Variante: on peut aussi partir du haut des téléskis du Montet ou des 3300. Descendre sur le plan situé au sud des 3300, pratiquement comme pour prendre la première combe du Pays Désert. On aperçoit sur la droite de cette combe un passage moins pentu qu'il faut prendre pour revenir ensuite à droite, vers le nord-ouest, sous les rochers. Sur la gauche en descendant se trouve un à-pic extrêmement dangereux. Il faut le dépasser pour pouvoir rejoindre la combe des 3300.

Télésiège Cascade Express, ou téléskis du Montet et 3300

400 m ou 600 m selon la remontée utilisée	sud-ouest
Peu Difficile; se méfier de la qualité de la neige	engagé
tout l'hiver	bien; un peu plat sur la fin
barre à proximité	assez simple

GPS	Altitude	Latitude N	Longitude E
ENTREE COMBE	3023 m	N 45°25'08,1"	E 7°03'27,7"
TRAVERSE	2898 m	N 45°25'02,0"	E 7°03'14,5"
JONCTION	2815 m	N 45°24'55,5"	E 7°03'10,9"

THE BOWL OF THE 3300

This run is a pleasant alternative to Pays Désert . However, the snow is not always good on this south-facing slope.

- **Route :** *from the top of the Cascade Express go to the bottom of the 3300 ski lift. Directly below this lift, there is a big gully which veers slightly to the left (photo 15). It goes across a high rock-face, towards the bowl of the Reculaz. You can go across the bowl to join the bottom section of Pays Désert, but if the snow cover is good, it is better to carry on along the right bank, then follow the bottom of the wide gully leading to the ski lift.*

Variant: *you can also start from the top of the Montet ski lift or the 3300 lift. Go down to the area south of the 3300, as if you were going to the first gully of Pays Désert.To the right of this gully, you will see a less angled passage, which you must take before coming back to the northwest, below the rocks. On your left going down, there is an extremely dangerous drop-off. You have to go past this before you can reach the 3300 gully.*

Cascade Express, or Montet and 3300 ski lifts

400 m or 600 m depending on lift taken	*southwest*
not difficult. Pay attention to quality of snowpack	*exposed*
all winter	*good, a bit flat towards the end*
rock-face close by	*quite easy*

	Altitude	Latitude N	Longitude E
START OF THE BOWL	3023 m	N 45°25'08,1"	E 7°03'27,7"
TRAVERSE	2898 m	N 45°25'02,0"	E 7°03'14,5"
JONCTION	2815 m	N 45°24'55,5"	E 7°03'10,9"

hoto 15 : Pissaillas, 1. Le Grand Pissaillas
. Les Cascades - 3. La combe des "3300"

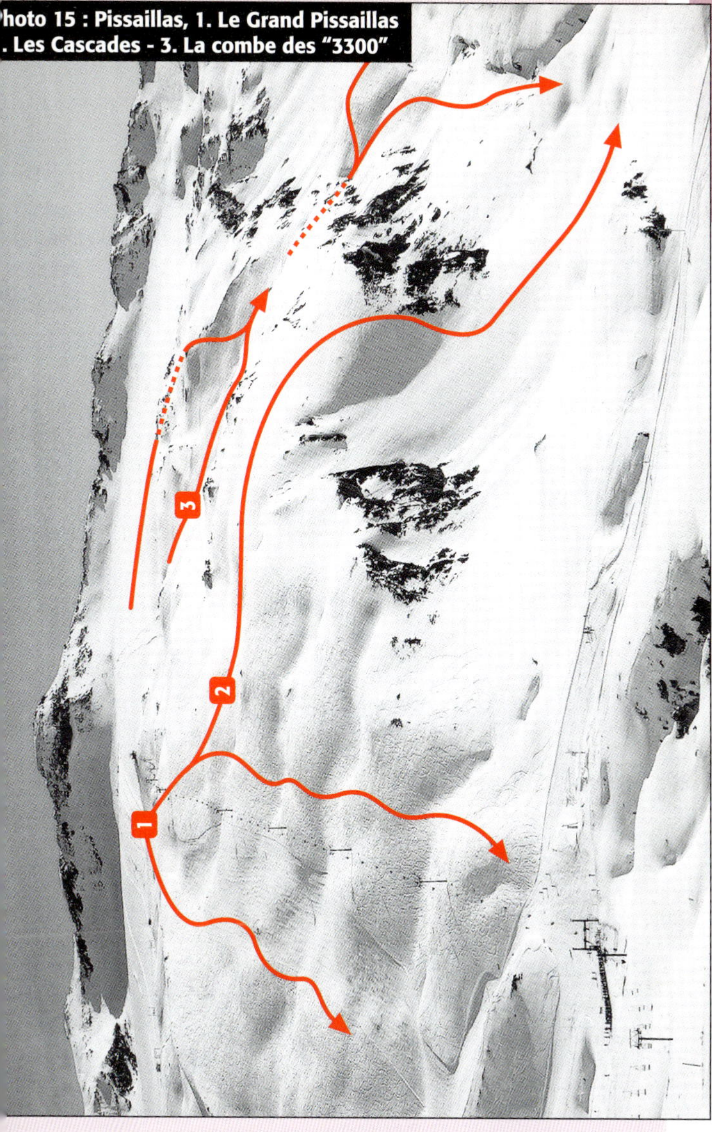

LE PAYS DESERT

23

Promenade familiale désormais classique, cette descente, au printemps, pourrait presque être considérée comme une piste. On n'oubliera pas cependant l'absence de balisage des obstacles, et la difficulté que l'on peut éprouver pour s'orienter, en cas de brouillard soudain, dans ce paysage lunaire dépourvu de relief. Se méfier particulièrement des ondulations apparemment inoffensives qui sont en fait des congères masquant certains rochers. Elles peuvent se terminer par une corniche de deux ou trois mètres de haut ... A éviter par neige profonde en raison de la pente parfois très insuffisante.

- Itinéraire : (photo 16) à partir des pioches du Montet, ou mieux des

téléski du Montet, ou téléski des 3300	
600 m	ouest
facile	engagé
printemps	traversée et long faux plat
	varié. Barre à éviter au départ

GPS	Altitude	Latitude N	Longitude E
RECULAZ			
ENTREE	3183 m	N 45°25'07,9"	E 7°03'55,1"
HAUT COMBE	2994 m	N 45°24'50,5"	E 7°03'41,8"
CLASSIQUE			
ENTREE	3145 m	N 45°24'54,2"	E 7°04'01,5"
FIN TRAVERSEE	3067 m	N 45°24'43,0"	E 7°03'52,7"
OUILLE NOIRE			
HAUT PETITE BARRE	3033 m	N 45°24'26,1"	E 7°03'55,2"
PLATEAU	2899 m	N 45°24'30,1"	E 7°03'20,3"
POINT BAS DESCENTE	2654 m	N 45°24'56,7"	E 7°02'20,3"

3300, prendre en traversée vers le sud. Dès que l'on a parcouru deux cents mètres après ce dernier remonte-pente, on aperçoit sur la droite, au-delà du plan, une large combe.

- **Variante de la Reculaz:** la combe s'oriente peu à peu au sud, et mène vers quelques protubérances souvent surmontées de blocs rocheux. Ce sont en fait de petits sommets dont ceux situés le plus à droite surmontent une barre infranchissable. Il faut donc les contourner légèrement sur la gauche pour trouver plusieurs passages praticables par les bons skieurs. C'est le choix techniquement plus difficile. Des coulées sont possibles sur ce versant. Ces pentes mènent toutes vers une large cuvette au fond de laquelle coule le ruisseau de la Reculaz. On rejoint alors la descente classique.
- **Variante classique:** poursuivre en traversée au-delà de la combe mentionnée ci-dessus. Il faut parcourir environ quatre cents mètres de cette façon pour dépasser les quelques monticules situés en contrebas, entre lesquels existent des passages faciles. Juste en dessous du Col de l'Ouille Noire, se laisser descendre à quarante-cinq degrés vers la droite pour rejoindre une belle pente exposée à l'ouest. Les rares dangers y sont en général bien visibles. On aperçoit alors sur la droite la cuvette de la Reculaz qu'il faut traverser sur l'élan, afin de remonter légèrement de l'autre côté. Une traversée de trois cents mètres environ mène à une large pente. Celle-ci conduit au téléski du Pays Désert qui permet de rejoindre le télésiège de la Cascade.
- **Variante de l'Ouille Noire:** poursuivre la traversée sur encore cinq cents mètres. On peut préférer abréger cet exercice sans intérêt pour grimper en diagonale après le col, à mi-hauteur, ce qui permet de descendre ensuite agréablement le bas de la face nord-ouest de l'Ouille Noire. Il faut toutefois monter suffisamment haut pour éviter une petite barre rocheuse située à mi-parcours. La traversée mène jusqu'à l'extrémité de l'arête qui prolonge l'Ouille Noire à l'ouest. Il faut la dépasser en franchissant une petite corniche. Par mauvais en-

neigement, le saut peut atteindre 1 m 50, ce qui n'est pas méchant mais peut rebuter les skieurs moyens. On se trouve alors au-dessus d'une petite cuvette que l'on peut soit contourner, soit traverser. La traversée du Pays Désert pour rejoindre le téléski est contrariée par la faible pente. Il n'y a guère qu'à la fin du printemps que la neige transformée rend cette promenade intéressante. La marche, ou dans le meilleur des cas la glissade, en direction du nord-ouest conduisent à une pente très large, agréable, au-delà de laquelle apparaît le téléski du Pays Désert.

THE DESERTED COUNTRY

A classic family outing, this run could almost be considered a piste in the spring. However, there are no safety indications or danger warning signs, and one shouldn't forget how difficult it is to find one's way in fog in such a lunar landscape. Be particularly wary of apparently harmless rises which are in fact snow-drifts hiding rocks. They can have a two to three-metre cornice on the other side. Avoid this run in deep snow, as it is not very steep.

- ***Route :*** *(photo 16) from the T-lift of the Montet, or better from the 3300, traverse south. 200m past the last ski lift, you can see a wide gully on the other side of an open space.*
  - ***La Reculaz variant:*** *the gully gradually turns southwards and leads towards some bulges, often with boulders on them. These are in fact little rock outcrops, and those furthest to the right rise above an impassable rock. You have to ski around them, slightly to the left, to find a few passages for excellent skiers. This is technically the most difficult choice. Snowslide is possible on this slope. All these slopes lead to a little valley at the bottom of which the Reculaz stream is. From here you join the classic route.*
  - ***Classic route:*** *traverse past the gully mentioned above. Keep going*

for about 400m to get past the little mounds below. Several easy ways exist between these. Just below the Col de l'Ouille Noire, go down 45° to your right to reach a beautiful west-facing slope. The few dangers are usually quite obvious. You must keep going fast across the Reculaz bowl, to the right, in order to have enough momentum to go up the slope on the other side. Traverse for about 300 m to a large slope which takes you to the Pays Désert ski lift. From here you can get to the Cascade Express.

- ***L'Ouille Noire variant:*** *traverse for another 500 m. To shorten this rather uninteresting exercise, you can climb up diagonally after the*

Montet or 3300 ski lifts	
600 m	west
easy	exposed
spring	traverse and long level stretch
	varied route, rocks to avoid at the start

GPS	Altitude	Latitude N	Longitude E
RECULAZ			
START	3183 m	N 45°25'07,9"	E 7°03'55,1"
TOP OF THE BOWL	2994 m	N 45°24'50,5"	E 7°03'41,8"
CLASSIQUE			
START	3145 m	N 45°24'54,2"	E 7°04'01,5"
END OF TRAVERSE	3067 m	N 45°24'43,0"	E 7°03'52,7"
OUILLE NOIRE			
TOP OF THE ROCK FACE	3033 m	N 45°24'26,1"	E 7°03'55,2"
PLATEAU	2899 m	N 45°24'30,1"	E 7°03'20,3"
BOTTOM OF DESCENTE	2654 m	N 45°24'56,7"	E 7°02'20,3"

col, half-way up, then ski down to the lower part of the north face of the Ouille Noire. You must walk up high enough to avoid a small rock half way up. The traverse leads to the end of the west ridge of the Ouille Noire. To get over this, you must get past a little cornice. If there is not much snow this can mean jumping 1.5 m, which is not much but could put off the less experienced skiers. This takes you to the top of a little bowl which you can either go round or traverse. The traverse across the Pays Désert to the ski lift is not very good due to the lack of angle. This part is only really worth while doing in transformed spring snow. The walk or slide (if you are lucky) towards the northwest leads to a very nice wide slope which takes you to the Pays Désert lift.

Photo 16 : Pissaillas, le Pays Désert

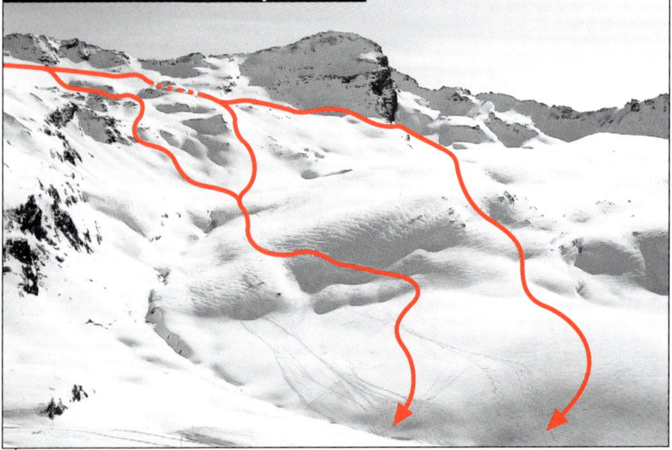

LE COL PERS

Boulevard ou ski hors-pistes? La question peut se poser pour ce parcours fréquenté par les skieurs de tous niveaux sans toujours tenir compte des dangers de la haute montagne. L'apparente facilité de cette descente ne doit pas en effet faire oublier les risques encourus: froid, vent, brouillard soudain, et surtout absence de balisage des dangers. En particulier il faut s'assurer que l'enneigement est suffisant pour pouvoir franchir les gorges de Malpasset. Sinon on ne passe pas... Cette indication est portée sur un panneau situé en haut du télésièpe de la Cascade. La solution qui consisterait à emprunter le chemin d'été sur la rive droite de l'Isère est à proscrire absolument: très étroit et couvert de glace, il surplombe les gorges de 10 à 20 mètres par endroit et doit être considéré comme extrêmement dangereux en hiver. Les années de faible enneigement, les imprudents qu'il faut secourir par hélicoptère sont nombreux.

télésiège Cascade Express	
1200 m	nord
peu difficile	engagé
tout l'hiver selon enneigement	longue traversée pour commencer; très désagréable dans les gorges; plat interminable pour finir. Faites comme vous voulez
ne pas tomber dans l'Isère	évident et varié

GPS	Altitude	Latitude N	Longitude E
COL	2996 m	N 45°25'48,7"	E 7°03'04,6"
RUISSEAU LECHOIR	2684 m	N 45°26'30,8"	E 7°03'21,1"
REVERS DE PRARIOND	2416 m	N 45°27'03,2"	E 7°03'52,5"
LECHOIR			
PETIT COL	2881 m	N 45°26'06,7"	E 7°03'46,0"
RUISSEAU PRARIOND	2629 m	N 45°26'39,8"	E 7°04'05,5"

- **Itinéraire :** le Col Pers se situe au nord du glacier du Pissaillas, entre le Rocher de Pers et la Pointe du même nom. Pour l'atteindre, il n'est pas absolument nécessaire d'emprunter les pioches du Montet bien que cette solution soit plus confortable. Au sommet du télésiège Cascade Express, prendre à gauche en traversée, face au nord, en perdant le moins d'altitude possible. On rejoint ainsi une combe située au bas de la barrière rocheuse, combe qu'il faut franchir pour continuer la traversée sur l'autre versant, face à l'ouest cette fois. Deux cents mètres plus loin, on atteint le col, parfois au prix d'une courte marche. De l'autre côté s'étend un superbe champ de neige, une grande combe généralement striée en tous sens: y faire sa trace est un luxe qui demande de se lever tôt... (photo 18).
  Toutes les options sont possibles sur ce large plan. La neige y est le plus souvent bonne. On atteint ensuite un assez long replat à partir duquel un nombre infini de solutions sont envisageables pour rejoindre les gorges de Malpasset. Les repères manquent pour les décrires précisément, mais, à part quelques rochers et une ou deux combes un peu pentues, les dangers sont inexistants ou alors bien visibles par beau temps.
  Les bons skieurs trouveront sur le versant gauche du vallon principal quelques belles pentes dans les petites combes que l'on découvre ici ou là. Les skieurs moyens auront généralement intérêt à rester sur le versant droit, la pente s'incurvant un peu vers la fin, en vue du refuge du Prariond. On peu facilement atteindre ce refuge situé de l'autre côté de l'Isère. Un restaurant y est normalement ouvert à partir de la mi-avril (!) mais revenir ensuite vers les gorges demande une assez longue marche skis aux pieds. Pour rejoindre directement Val d'Isère, il faut au contraire prendre progressivement vers la gauche pour rejoindre l'entrée des gorges de l'Isère qu'il est impossible de manquer... Même par bon enneigement ces gorges peuvent poser certains problèmes, les ponts de neige n'étant pas toujours très solides, les marmites fréquentes et le paysage très distrayant. Le plongeon glacé est pourtant fortement déconseillé.

On rejoint en général sain et sauf le Pont Saint-Charles, puis la route de l'Iseran sur laquelle un vigoureux pas de patineur permet de parvenir jusqu'au téléphérique du Fornet. Compter une heure à une heure et demie pour faire un nouveau tour, remontées mécaniques comprises, deux heures pour un skieur très moyen.

- **Variante du Léchoir:** (photos 17 et 18) depuis le col, prendre au contraire complètement sur la droite, vers l'est. Trois cents mètres de traversée permettent d'atteindre un petit col entre la Pointe Pers et le Rocher du Léchoir. Après l'avoir franchi, on se trouve en bas de la très belle descente de la face nord de la Pointe Pers. Il faut alors prendre sur la gauche le long du Rocher, ou au contraire traverser le faux plat pour rejoindre l'autre versant. La très faible pente peut rendre difficile la progression en neige fraîche, et on préférera attendre la neige transformée du printemps pour choisir ce passage. La poursuite vers l'Isère ne pose pas d'autres problèmes, la pente s'accentuant face au refuge du Prariond. On peut alors rejoindre les gorges de Malpasset par une longue traversée vers la gauche.

THE COL PERS

Piste or off-piste skiing? One may well wonder, as this run is used by so many skiers of all levels, apparently unaware of the danger of high-mountain skiing. An apparently easy slope should not let one forget the risks involved: cold, wind, sudden fog, and most of all the absence of signposting or warning signs. Check beforehand that there is enough snow to get over the Malpasset gorge. Otherwise, you're stuck... This information is posted on a board at the top of the Cascade Express. The only way out would seem to be a summer path on the right bank of the Isère river, but it is definitely a trap: very narrow and covered in ice, it is considered extremely dangerous in winter as it overlooks sheer drops of 10 m to 20 m over the river gorge below. The number of skiers who have had to be rescued by helicopter there is innumerable.

- ***Route :*** *the Col Pers is situated north of the Pissaillas glacier between the Pers Rock and the Pers Peak. To get there you don't necessarily have to take the Montet T-lift, although this is the more comfortable solution. From the top of the Cascade Express, traverse to the left, heading north, keeping as high as possible. You must cross over the bowl at the bottom of the rock-face and continue traversing on the opposite side, heading west. After c 200 m, you get to a col which you sometimes have to walk up to. On the other side is a superb snow-field, a wide bowl, often decorated with a maze of tracks: imprinting your own design there is pure luxury. (photo 18).*
  All options are open on this huge expanse. The snow is almost always very good. After a long flattish stretch, you will find many ways to get to the Malpasset gorge. There are not many bearing points we can

Cascade Express			
1200 m		north	
not difficult		exposed	
all winter depending on snow cover		long traverse at start, not much fun in the gorge, endless flat run out. Do as you like...	
don't fall into the river!		obvious	

GPS	Altitude	Latitude N	Longitude E
COL	2996 m	N 45°25'48,7"	E 7°03'04,6"
THE LECHOIR STREAM	2684 m	N 45°26'30,8"	E 7°03'21,1"
REVERS OF THE PRARIOND	2416 m	N 45°27'03,2"	E 7°03'52,5"
LECHOIR			
SMALL PASS	2881 m	N 45°26'06,7"	E 7°03'46,0"
THE PRARIOND STREAM	2629 m	N 45°26'39,8"	E 7°04'05,5"

describe but there are few dangers, easily visible in good weather (rocks and one or two steep gullies).
Good skiers will discover nice little gullies here and there, on the west bank of the main bowl. Less experienced skiers had better stay on the right bank. It is easy to get to the Prarions hut when it comes into view, on the other side of the Isère river. A restaurant is usually open from mid-april (!) but this means a long walk back towards the gorge afterwards. To go straight to Val d'Isère, veer gradually to the left at the entrance to the Isère canyon. This is impossible to miss... Even with lots of snow this gorge can cause problems because the snow bridges are not always very strong, the potholes are numerous, and the view can prevent concentration, or even be unnerving. Yet, an icy dive is not a good idea. Once at the Saint-Charles bridge you will have to skate along the Iseran road to the Fornet cable car. It takes between one to one and a half hours to do the whole tour (lifts included) or two hours for less experienced skiers.

- ***Léchoir variant:*** *(photos 17 and 18) at the col go right instead of left, to the east. After a 300 m traverse, you come to a small col between the Pers Peak and the Léchoir Rock. Once through this col you are at the bottom of the beautiful descent of the north face of the Pers Peak. Either go left along the Rock or traverse the level area to the other side. This route is preferable in transformed spring snow because in deep snow the lack of slope makes the going difficult. There are no problems from here to the Isère as the slope steepens opposite the Prariond. To get to the Malpasset gorge there is a long traverse to the left.*

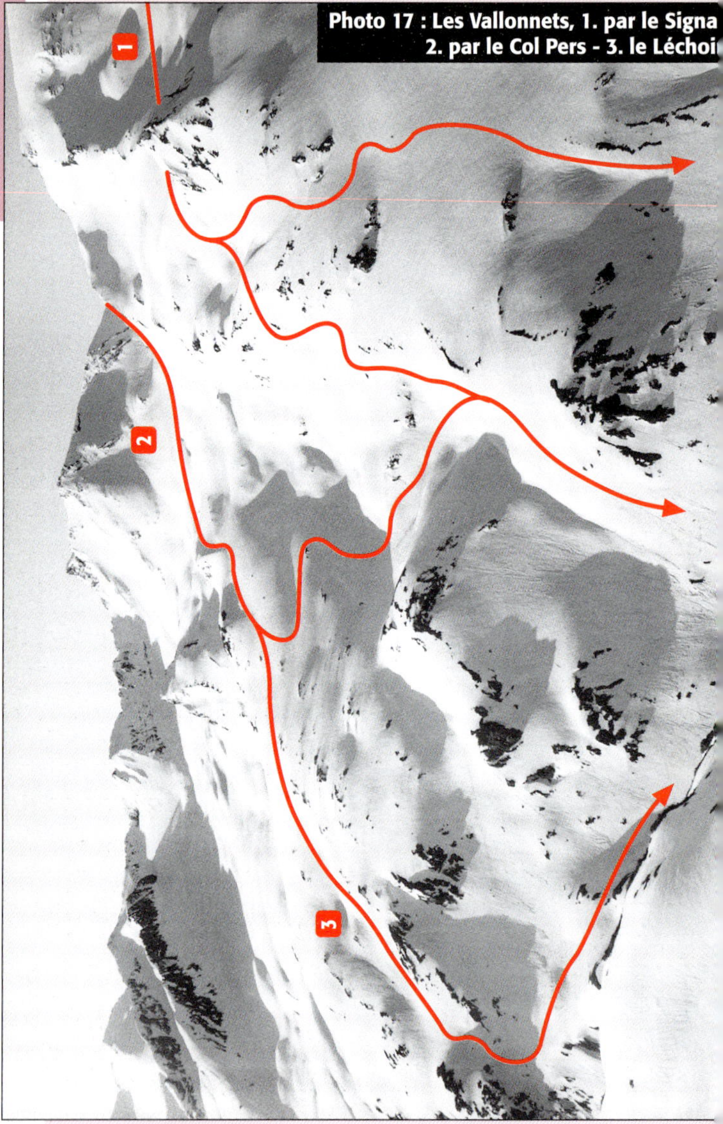

**Photo 17 : Les Vallonnets, 1. par le Signa
2. par le Col Pers - 3. le Léchoi**

LES VALLONNETS PAR LE COL PERS

25

Cette très belle variante du Col Pers permet en fait de rejoindre le pont Saint-Charles sans passer par les gorges, mais n'apporte pas grand chose aux Vallonnets classiques, sinon vingt minutes de remontées mécaniques supplémentaires.

- **Itinéraire :** depuis le col Pers, prendre complètement à gauche en traversée. Se méfier des coulées, fréquentes au printemps l'après-midi. Après huit cents mètres environ, on parvient à un second col que l'on franchit vers l'ouest sans aucune difficulté. Passé le col, on peut continuer sur trois cents mètres la traversée vers la gauche pour rejoindre la combe encaissée du ruisseau du Vallonnet (photo 18).
  On préférera généralement continuer vers le nord sur l'épaule, en serpentant entre les rochers pour atteindre après trois cents mètres une lon-

télésiège Cascade Express	
1200 m	nord
assez difficile. Pente à 35° dans le bas	engagé
tout l'hiver selon enneigement	pour les bons
plaques et coulées, barrière rocheuse dans lavariante du Grand Torsaï	peu complexe

GPS	Altitude	Latitude N	Longitude E
FIN TRAVERSEE	2832 m	N 45°26'19,0"	E 7°03'01,7"
RUISSEAU DU VALLONNET	2690 m	N 45°26'37,2"	E 7°02'54,9"
TORSAI			
DEBUT TRAVERSE A DROITE	2685 m	N 45°26'43,0"	E 7°03'01,2"
PLATES DU VALLONNET	2629 m	N 45°26'52,1"	E 7°03'12,3"
GRAND TORSAI	2387 m	N 45°27'12,1"	E 7°03'07,8"
DAILLES	2250 m	N 45°27'15,3"	E 7°02'51,7"

gue pente que l'on aperçoit sur la gauche, en direction du nordouest. Cette pente est assez torturée sur la fin, mais il suffit de rester dans les creux pour passer sans encombre les petits barres rocheuses. On aboutit ainsi à la vallée du Vallonnet, à l'endroit où elle fait un double virage gauche-droite avant de descendre vers le pont Saint-Charles. On ne distingue pas celui-ci, mais on voit très vite le bas des gorges de Malpasset. La descente est possible d'un côté comme de l'autre de la combe, et des pentes adjacentes. On se méfiera toutefois des plaques ou des coulées, car ce passage est très exposé au vent, et la pente atteint par endroits 35°.

- **Variante du Grand Torsaï:** cette variante, à n'entreprendre que par très bonne visibilité, permet également de rejoindre le pont Saint-Charles sans passer par les gorges de Malpasset. Depuis le Col Pers, descendre dans l'axe au fond de la combe principale. Il faut absolument éviter de se laisser entraîner vers la droite, mais au contraire rester plus ou moins sur les croupes de gauche. Celles-ci dominent sur leur droite l'itinéraire qui descend vers les gorges, et sur leur gauche l'itinéraire classique du Vallonnet. Par une série de petites combes, on parvient à l'aplomb des gorges. Là, on voit une grosse bosse qui les domine. Il faut la laisser sur la droite pour éviter le dangereux à-pic qui surplombe les gorges, et atteindre ainsi un petit plateau, appelé «les Dailles», qui s'en va vers la gauche. Celui-ci conduit en direction du pont Saint-Charles vers une dernière combe, toujours sur la gauche. On parvient ainsi au bas des gorges de Malpasset.

THE VALLONNETS VIA COL PERS

This beautiful variant of Col Pers takes you to the Saint-Charles bridge without going through the gorge. It is not really more interesting than the classic Vallonnets.

- ***Route :*** *traverse completely left from Col Pers. On spring afternoons watch out for snowslide. After about 800 m you get to a second col*

which you can easily get over to the west. Continue traversing left for 300 m to the deep gully of the Vallonnet stream (photo 18).
It is usually better to continue north, on the shoulder, picking your way between the rocks for 300 m until you get to a long slope to the left, in a northwesterly direction. This slope is quite rough towards the end, but if you stay in the hollows you can get past the small rock-barriers quite safely. This takes you to the Vallonnet valley at the point of its left-right double bend, before going down towards the Saint-Charles bridge. You cannot see the bridge itself but the Malpasset gorge soon comes into view. You can ski down either side of the bowl and the neighbouring slopes. Always watch out for windslab or snowslide on this wind-blown slope nearing 35° in parts.

	Cascade Express		
	1200 m		north
	quite difficult. 35° slope at bottom		exposed
	all winter depending on snow cover		for experts
	windslab and avalanche, rocks in the Grand Torsaï variant		not complicated

GPS	Altitude	Latitude N	Longitude E
END OF TRAVERSE	2832 m	N 45°26'19,0"	E 7°03'01,7"
THE VALLONNET STEAM	2690 m	N 45°26'37,2"	E 7°02'54,9"
TORSAI			
BEGINNING OF THE TRAVERSE	2685 m	N 45°26'43,0"	E 7°03'01,2"
"PLATES DU VALLONNET"	2629 m	N 45°26'52,1"	E 7°03'12,3"
GRAND TORSAI	2387 m	N 45°27'12,1"	E 7°03'07,8"
DAILLES	2250 m	N 45°27'15,3"	E 7°02'51,7"

- ***Great Torsaï variant:*** *this variant should only be done in very good visibility. Its advantage is to get to the Saint-Charles bridge without going through the Malpasset gorge. From the Col Pers, continue straight on into the main bowl. Avoid drifting right at all costs and stay on the brows to the left. These overlook the route which goes down towards the gorge to the right and the classic route of the Vallonnets to the left. You get above the gorge across a series of small gullies. There, you see a big hilltop overlooking the gorge. Leave it to your right to avoid a dangerous rock-face towering above the gorge, and ski to a little plateau, called "Les Dailles", stretching off to the left. This leads in the direction of the Saint-Charles bridge towards a last gully, still on your left, leading to the bottom of the Malpasset gorge.*

LA FACE NORD DE LA POINTE PERS

- **Itinéraire :** cette très belle pente n'est pas accessible directement depuis les remontées. Il faut, pour la rejoindre, aller jusqu'au sommet des pioches du Montet, puis monter à skis ou à pied jusqu'à la crête située entre l'Aiguille Pers et la Pointe Pers, que l'on voit à gauche de l'arrivée du téléski. Cette marche se fait en traversée et ne nécessite généralement pas les peaux de phoque.

  Une fois sur la crête, la difficulté consiste à trouver un passage pour rejoindre la face nord. En effet, à l'endroit où la crête est la plus basse et forme comme un petit col, entre l'Aiguille Pers et la Pointe Pers, la corniche domine une pente rocheuse abrupte et non recouverte. Il faut poursuivre sur la crête, 100 à 200 m au-delà de la Pointe Pers, pour trouver un ou deux passages vers le glacier. On franchira à cet endroit la corniche avec précaution, car elle peut s'effondrer, et la tenue de la neige sur le fond rocheux est aléatoire.

  La pente est très forte (photo 18), et atteint 45° au départ avant de s'adoucir progressivement. La récompense est par contre à la mesure de l'effort accompli, car la neige est presque toujours excellente et la descente semble se prolonger indéfiniment vers le fond de la vallée, derrière le Rocher du Léchoir. Un long faux plat, souvent chauffé par le

téléski du Montet	
1350 m	nord
très difficile	engagé
printemps. Surveiller l'enneigement	virtuoses de l'extrême seulement
dévissage; corniche pouvant s'effondrer; avalanches	peu complexe. Marche d'approche 20 mn

GPS	Altitude	Latitude N	Longitude E
HAUT FACE NORD	3232 m	N 45°25'40,4"	E 7°04'06,6"

Photo 18 : Pissaillas, Col Pers - 1. Face Nord de la Point-
2. Le Léchoir - 3. Le Col Pers - 4. Vers les Vallonnet

soleil, mène vers les pentes du revers du Prariond que l'on franchit sans difficultés par diverses combes. En face, on aperçoit le refuge du Prariond que l'on peut rejoindre. On peut aussi préférer prendre la partie gauche du faux plat, le long du Rocher du Léchoir, et descendre jusqu'à l'Isère avant de prendre en traversée vers la gauche en direction des gorges de Malpasset.

THE NORTH FACE OF THE POINTE PERS

- ***Route :*** *this beautiful run is not accessible from the lifts. You must go to the top of the Montet ski lift and walk up to the crest between the Aiguille Pers and the Pointe Pers, which you can see to the left. This walk is mainly traversing and seal skins are not needed.*
  From the crest, the difficulty is to find the passage to the north face. At the lowest point along the crest, the cornice overhangs a steep, bare, rocky slope. Follow the crest for 100 m to 200 m after the Pointe Pers and you will find a couple of ways to the glacier. Be careful when skiing over the cornice as it may collapse and the snow cover can be unstable on the rocks below.
  The slope is very steep to begin with (45°) (photo 18) but it eases off

Montet ski lift	
1350 m	*north*
very difficult	*exposed route*
spring. Watch out for snow conditions	*only for virtuosos of the extreme!*
risk of sliding, cornice breaking, avalanche	*not complicated. Approach walk 20 mn*

GPS	Altitude	Latitude N	Longitude E
TOP OF THE NORTH FACE	*3232 m*	*N 45°25'40,4"*	*E 7°04'06,6"*

further down. The reward is in proportion to the effort because snow is nearly always excellent and the slope seems to go on endlessly to the bottom of the valley behind the Léchoir Rock. Then a long gentle slope, often heated by the sun, takes you to the "Revers du Prariond" slopes, which you pass with no difficulty accross several gullies. Opposite, you can see the Prariond hut which you can ski to. You may prefer the left-hand part of the gentle slope, along the Léchoir Rock and ski all the way down to the Isère river before traversing left towards the Malpasset gorge.

LE COL DU MONTET

Magnifique promenade en haute montagne, facile techniquement. Nous sortons là quelques peu du ski hors-pistes proprement dit pour aborder la randonnée. Il faut en effet près d'une heure de marche pour atteindre le col, et les équipements de montagne (peaux et cordes) peuvent s'avérer fort utiles. La facilité technique du parcours ne doit pas faire oublier les dangers de l'altitude et des glaciers.

- **Itinéraire :** au sommet des téléskis du Pissaillas, monter sur la droite jusqu'au petit col encombré de rochers que l'on aperçoit à la droite de la Pointe du Montet. Le franchissement n'en est pas toujours aisé en cas de faible enneigement. Dans ce cas, on aura intérêt à poursuivre vers la droite en traversée, pour atteindre cent mètres plus loin un second col plus accueillant.

téléskis du Montet ou des 3300	
1200 m	nord et nord-ouest
facile	engagé
printemps	si la montée à pied est possible
crevasses	marche d'approche: 1 heure. Peaux de phoque et cordes souvent utiles

GPS	Altitude	Latitude N	Longitude E
PETIT COL OUILLE NOIRE	3272 m	N 45°24'57,4"	E 7°04'14,4"
COL DU MONTET	3200 m	N 45°25'58,0"	E 7°05'36,1"
TETE DES CHEVRES	2812 m	N 45°26'39,9"	E 7°05'03,5"
HAUT DERNIERE COMBE	2653 m	N 45°26'49,3"	E 7°04'33,7"
REFUGE DE PRARIOND	2333 m	N 45°27'20,1"	E 7°04'15,6"
SOURCES DE L'ISERE			
FIN TRAVERSEE A DROITE	3003 m	N 45°26'22,4"	E 7°05'56,9"
ENTREE DERNIERE COMBE	2684 m	N 45°26'56,3"	E 7°05'25,5"

Dès la crête franchie, prendre en traversée sur la gauche, face au nord, le long du glacier du Montet qui surplombe un large cirque qu'il faut contourner. Se méfier des coulées qui peuvent descendre de la face est de la pointe du Montet. Si la neige le permet, il est possible de descendre tout droit sur 200 m sans trop avoir à craindre de remonter, car le fond de la cuvette est plat. Le but à atteindre est le Col du Montet qui se trouve au nord du cirque, entre la Pointe de Gros Caval et la Petite Aiguille Rousse. Au pied du Col, les trois cents derniers mètres se font en montée, à ski d'abord puis à pied, dans une pente assez raide où la neige ne tient pas toujours très bien. La corde est souvent utile, parfois indispensable pour les dix derniers mètres.

Une fois le col atteint, la vue récompense largement de l'effort fourni. Le repos y est souvent nécessaire avant d'attaquer la descente.

Celle-ci ne présente pas de difficulté particulière. Il faut par contre se méfier des crevasses fréquentes et pas toujours très visibles. Deux options sont possibles. La plus classique consiste à descendre tout de suite dans le vallon situé légèrement à gauche après le col. On restera de préférence sur la gauche pour éviter les principales crevasses. La combe très large au début se rétrécit peu à peu avant de serpenter entre quelques barres rocheuses. On arrive ainsi en face du refuge du Prariond, et il est facile de rejoindre en traversée sur la gauche les gorges de Malpasset.

- **Variante des sources de l'Isère:** après le col, prendre en traversée vers la droite sur trois cents mètres pour rejoindre une pente très large qui conduit vers un vallon parallèle au précédent. Celui-ci mène vers une vallée plus étroite, sur la droite de laquelle de nombreux passages existent. Elle s'élargit ensuite pour conduire au refuge du Prariond. On peut aussi rejoindre directement les gorges du Malpasset, situées deux kilomètres vers l'ouest, en prenant en traversée vers la gauche, sous la barre rocheuse, dès que la combe s'élargit.

THE MONTET COL

Magnificent, technically easy run in a high-mountain environment. This is more of a ski tour than an off-piste run. There is an hour's walk to the col and mountain equipment can be useful (sealskins and ropes). Despite the easiness of this run, the dangers of altitude and of glaciers should not be forgotten.

- **Route :** *from the top of the Pissaillas lift, climb on your right to a small rocky col, which you can see to the right of the Pointe du Montet. It is not always easy to get over this if there is little snow. In that case, you are better off traversing to the right, as there is another easier col about 100 m further.*
  Once over the crest, traverse left, facing north, along the Montet glacier, overlooking a large amphitheatre which you have to go round. Watch

	Montet or 3300 lifts		
	1200 m		north and northwest
	easy		exposed
	spring		if the snowpack allows climbing up on foot
	crevasses		1h approach walk. Sealskins and ropes often useful

GPS	Altitude	Latitude N	Longitude E
OUILLE NOIRE LITTLE COL	3272 m	N 45°24'57,4"	E 7°04'14,4"
MONTET COL	3200 m	N 45°25'58,0"	E 7°05'36,1"
"TETE DES CHEVRES"	2812 m	N 45°26'39,9"	E 7°05'03,5"
TOP OF THE LAST BOWL	2653 m	N 45°26'49,3"	E 7°04'33,7"
THE PRARIOND HUTTE	2333 m	N 45°27'20,1"	E 7°04'15,6"
SOURCES DE L'ISERE			
END OF THE RIGHT TRAVERSE	3003 m	N 45°26'22,4"	E 7°05'56,9"
ENTRANCE TO THE LAST BOWL	2684 m	N 45°26'56,3"	E 7°05'25,5"

out for snowslide from the east face of the Pointe du Montet. If there is enough snow you can go straight down for 200 m without having to worry about climbing out, as the bottom of the bowl is flat. The aim is to get to the Col du Montet, which is north of the amphitheatre, between the Pointe du Gros Caval and the Petite Aiguille Rousse. You have to climb up the last 300 m at the foot of the col. First climb on skis and then walk up this steep slope, on which the snowpack is not always stable. A rope is often useful here, and sometimes necessary for the last 10 m.

Once at the col, the view makes all the effort worthwhile, especially as one often has to rest a while before heading down.

The descent is not difficult, but watch out for the numerous and not always obvious crevasses. The classic option is to go straight down into the vale situated slightly to the left after the col. Stay on the left to avoid the main crevasses. This vale is very wide at the top but slowly gets narrower until it winds between rocks. At the level of the Prariond hut (opposite slope), you can easily traverse left to the Malpasset gorge.

- ***Isère river source variant:*** *traverse right after the col for 300 m to get to a wide slope leading to a little vale parallel to the first. This leads to a narrower bowl to the right of which there are many routes. The bowl gets wider before it gets to the Prariond hut. You can also go straight to the Malpasset gorge (2 km to the west) by traversing left under a rock-face as soon as the valley gets wider.*

LA DESCENTE SUR BONNEVAL

Une descente d'exception qui permet de passer de la vallée de la Tarentaise à la vallée de la Maurienne. Le dénivelé satisfera les amateurs d'espaces et de neige de printemps. Pour le retour sur Val d'Isère il faudra compter sur le taxi (250 km), l'hélicoptère ou le taxi jusqu'à Aurel, d'où grâce aux remontées mécaniques on rejoint finalement Brides-les-Bains. Le magnifique et authentique village de Bonneval, où l'accueil est très agréable, vous fera oublier cet inconvénient.

- **Itinéraire :** Par le col de l'Ouille Noire. Depuis le sommet des téléskis, traverser vers la droite en montant jusqu'au passage bien visible sur l'arête des Montets, situé 300 m environ avant le col de l'Ouille Noire. Basculer plein est sur le glacier du Montet et le suivre par la gauche jusqu'à son point le plus bas, au «passage des cascades».
  Un couloir assez large et court conduit au fond d'un très grand cirque. Le contourner par la gauche en gardant de la hauteur, remonter de quelques mètres à son extrémité gauche, puis se diriger plein sud en restant à droite du ruisseau qui descend vers l'alpage du Montet. A cet endroit

	téléski du Montet ou du 3300		
	1500 m		sud
	peu difficile en respectant l'itinéraire		très engagé
	printemps		bien, peu de pente
	brouillard, avalanches		complexe. Retour par hélicoptère

GPS	Altitude	Latitude N	Longitude E
ENTREE GOULET	2947 m	N 45°25'37,0"	E 7°05'06,7"
PLATEAU VARDETTES	2809 m	N 45°25'10,4"	E 7°06'08,2"
PASSERELLE	2409 m	N 45°24'22,5"	E 7°06'13,0"
L'ECOT	2038 m	N 45°22'52,0"	E 7°05'25,4"

on franchit un autre ruisseau qui descend du col de l'Ouille Noire. En traversée vers la droite, passer sous la barre rocheuse située au pied de l'Ouille des Rey. Ce passage exposé, situé au-dessus d'une gorge, est dangereux si la neige est mauvaise.
Les pentes deviennent ensuite plus faciles. Rejoindre vers la droite, en gardant de la hauteur, la route de la Duis pour atteindre le village de l'Ecot. La rive gauche de l'Arc permet alors de rejoindre Bonneval.

DESCENT TO BONNEVAL

This is a very special descent, perhaps one of the finest, passing from the Tarentaise Valley to the Maurienne Valley. The vertical drop will satisfy lovers of wide open spaces and of spring snow. The lift back to Val d'Isère still does not have the go-ahead from the administration: the available options are by taxi (250 km), helicopter (best way but expensive), or taxi-ride to Aurel then the lift-system of "3 Valleys" to

Montet or 3300 ski lifts	
1500 m	*south*
easy	*very exposed*
spring	*good, not much angle*
fog, avalanche	*complex. Return by helicopter*

GPS	*Altitude*	*Latitude N*	*Longitude E*
ENTRANCE TO THE NARROW COULOIR	*2947 m*	*N 45°25'37,0"*	*E 7°05'06,7"*
"PLATEAU VARDETTES"	*2809 m*	*N 45°25'10,4"*	*E 7°06'08,2"*
"PASSERELLE"	*2409 m*	*N 45°24'22,5"*	*E 7°06'13,0"*
"L'ECOT"	*2038 m*	*N 45°22'52,0"*	*E 7°05'25,4"*

reach Brides-les-Bains. But the superb and authentic village of Bonneval, where one is kindly received, will offset this drawback.

- **Route :** *from the top of the lifts, traverse to the right, going up, in the direction of an obvious passage on the Montets ridge, about 300 m before the Ouille Noire Col. There, plunge down to the east onto the Montet glacier. Staying mostly on the left side, ski down to its lowest point, called the waterfalls passage (Passage des Cascades). A short and wide couloir leads to the back of a large amphitheatre. Go around it on the left, holding height, then up a few metres at the end, before skiing due south, on the right bank of the stream leading to the Montet pastures. At that point, cross another stream issuing from the Ouille Noire Col. Traversing to the right, pass under the rock-face at the foot of the Ouille des Rey. It is quite an exposed section which can be dangerous if the snow is bad, as it is right above a gorge.*

The descent then become easier. Head to the right, keeping your height, to the road of the Duis, leading to the village of Ecot. Follow the left bank of the Arc river to gain Bonneval.

LA DAILLE
VAL D'ISÈRE

29

LA SPATULE

Longue et variée, cette descente de la face nord de Bellevarde est le plus souvent un régal en raison de la qualité de la neige. Tout en restant un grand classique de la station ce hors-pistes reste assez sauvage et peu fréquenté. C'est le coin des connaisseurs, sans doute à cause des dangers potentiels en cas d'erreur d'itinéraire.

- **Itinéraire :** en sortant du Funival, prendre le début de la piste OK sur une centaine de mètres. On la quitte ensuite à droite, en traversée le long de la face sud du Rocher de Bellevarde. On s'efforcera de perdre le moins d'altitude possible durant ce passage au cours duquel on traverse souvent quelques coulées.
  On atteint alors une énorme roche en forme de dent, qu'il faut dépasser par en dessous pour continuer la traversée le long de la face ouest. A l'extrémité de cette face, on surplombe un replat large et court en contrebas duquel on peut voir le hameau de la Daille.

Funival ou télécabine de l'Olympique	
900 m	nord
assez difficile. Difficile dans les variantes	engagé
tout l'hiver	pour les bons
barrière rocheuse vers les Coves	complexe, choix multiples

GPS	Altitude	Latitude N	Longitude E
SOUS L'ARETE	2494 m	N 45°27'03,0"	E 6°56'54,1"
PISTE ORANGE	2102 m	N 45°27'24,1"	E 6°57'08,7"
COVE			
FIN TRAVERSEE	2310 m	N 45°27'06,5"	E 6°57'16,8"
TRAVERSEE A GAUCHE	2018 m	N 45°27'07,0"	E 6°57'44,0"
ROUTE	1840 m	N 45°27'10,9"	E 6°57'56,2"

1. **La spatule vers le Funival** (photo 19). Descendre vers le replat et le traverser. On peut aussi continuer la traversée un peu vers la droite pour atteindre un second replat bordé de rochers avant de reprendre à gauche dès le début dans la petite combe. La descente se poursuit ensuite sans difficultés particulières vers la piste orange. On peut aussi poursuivre hors-pistes jusqu'à la Daille au milieu des arbres.
2. **La super Spatule.** Il faut se diriger vers le second replat décrit ci-dessus et le contourner vers la droite. On découvre alors sur la face nord de Bellevarde une très belle pente au bout de laquelle apparaît Val d'Isère. La neige est le plus souvent très bonne. Sur la gauche, on distingue un pylône EDF qui surplombe le départ du Funival. Il faut descendre vers ce pylône et passer à sa gauche pour reprendre ensuite, toujours sur la gauche, vers la Daille, entre les sapins et les rochers. Ce passage est particulièrement joli, mais il faut rester vigilant car les petits pièges sont nombreux dans cette pente très tourmentée.
3. **La descente des Coves** (photo 20). Il s'agit là de l'un des hors-pistes les plus dangereux de Val d'Isère en raison de la difficulté qu'il y a à trouver le bon passage et des risques que l'on encourt en cas d'erreur.

   Il faut procéder comme pour la Super Spatule jusqu'à la vue du pylône EDF. Pour rejoindre les Coves, il ne faut pas descendre vers le pylône, mais au contraire poursuivre à partir du replat la traversée sur la face Nord de Bellevarde en direction du village de Val d'Isère. Cent mètres environ à droite du pylône, entre deux bosquets de mélèzes, un entonnoir assez tentant mène vers un premier couloir. Attention, celui-ci est particulièrement dangereux: très pentu, il se rétrécit vite et se trouve barré en son milieu par une plaque rocheuse sur laquelle la neige ne peut tenir. Il faut donc l'éviter absolument. En continuant la descente au-delà du second bosquet,

toujours vers Val d'Isère, on débouche au-dessus d'un nouveau couloir surmonté à sa droite d'un groupe de mélèzes. Ce couloir, plus large, est accessible.
Le mieux est encore de poursuivre la belle pente qui se présente un peu plus loin pour rejoindre la seule issue raisonnable vers la Centrale EDF que l'on voit en contrebas. Après une centaine de mètres de descente, on rencontre sur la gauche un mélèze dépassant largement ceux qui l'entourent. Il ne faut pas poursuivre plus loin, car on surplombe une très impressionnante barrière rocheuse. Il faut donc tourner complètement à gauche après l'arbre, pour rejoindre vers l'ouest le milieu du couloir précédent en skiant entre les arbres. Le bas du couloir est facile, et la descente peut être poursuivie ensuite sans danger vers la Centrale en se méfiant bien entendu des coulées.
Une fois la Centrale atteinte, il faut prendre la route vers la droite pour traverser l'Isère par un petit pont et rejoindre ainsi la route principale, juste à l'arrêt de la navette.

THE SPATULE (THE SKI-TIP)

A long and varied run from the north face of the Bellevarde, with great snow most of the time. Although a great classic of the resort, it remains fairly wild and uncrowded. It is a favourite spot for connoisseurs only, probably due to the great potential dangers in case one mistakes the route.

- ***Route :*** *from the top of the Funival go about 100 m down the OK piste. Go off the piste to the right, traversing along the south face of the Rocher de Bellevarde. Keep as high as possible on this traverse, which crosses over several snowslide.*
  Traverse below a huge tooth-shaped rock and continue traversing along the west face. At the end of this face you look down onto a wide and short flat area, below which you can see the Daille hamlet.

1. ***The Spatule back to Funival*** *(photo 19): Go down to the flat area and cross over it. You can also continue traversing slightly to the right to another flat area bordered with rocks, then go left again very soon, into a small gully. Continue on a nice run down with no striking difficulty, towards the orange piste. You can also continue off-piste to La Daille, through the forest.*

2. ***The Super Spatule.*** *Go towards to the second flat area mentioned above and go around it to the right. A very beautiful slope suddenly unveils on the north face of Bellevarde, with Val d'Isère in the background. The snow is usually excellent. On the left, you can see an electricity pylon standing over the start of the Funival. Go down and pass to its left. Then head towards La Daille, still keeping to the left, picking your way between trees and rocks. This section is especially pretty but stay on your guard for the countless little traps on this very rugged slope.*

Funival ou télécabine de l'Olympique	
900 m	*nord*
assez difficile. Difficile dans les variantes	*engagé*
tout l'hiver	*pour les bons*
barrière rocheuse vers les Coves	*complexe, choix multiples*

GPS	Altitude	Latitude N	Longitude E
BELOW THE RIDGE	2494 m	N 45°27'03,0"	E 6°56'54,1"
PISTE ORANGE	2102 m	N 45°27'24,1"	E 6°57'08,7"
COVE			
END OF TRAVERSE	2310 m	N 45°27'06,5"	E 6°57'16,8"
TRAVERSE TO THE LEFT	2018 m	N 45°27'07,0"	E 6°57'44,0"
ROAD	1840 m	N 45°27'10,9"	E 6°57'56,2"

3. The descent of the Coves *(photo 20). This is one of the most dangerous off-piste runs in Val d'Isère due to the difficulty in finding the right passage and the risks involved if you take the wrong one. Take the same route as for the Super Spatule until you can see the electricity pylon. Don't go down towards the pylon but continue traversing, after the flat area , on the north face of Bellevarde, heading towards the village of Val d'Isère.*

About 100 m to the right of the pylon, between two bunches of larch-trees, you will find a very tempting funnel leading to a first couloir, but beware! This is to be avoided at all costs. It is very steep and quickly becomes very narrow before it is barred in the middle by a rock slab on which the snow never holds. Instead, continue down past the second bunch of trees, still heading towards Val d'Isère, until you arrive at the top of another couloir, with some larch-trees on its right. This wider one can actually be skied.

But the best is probably to ride the beautiful slope you will find a little further on, to the only really reasonable way out, in the direction of the electricity power station you can see below. After descending about 100 m, you come across a larch-tree which is much higher than all those around it. Don't go any further because you are above an impressive rock-face. Turn well to the left after the tree (westwards), and join the couloir in its middle part, slaloming through the trees. The lower part of the couloir is easier and you can gain the power station quite safely; just watch out for the odd snowslide.

Once at the power station, take the road to the right and cross over the Isère river on a little bridge to reach the main road at the bus stop.

hoto 19 : La Daille, la Spatule (côté ouest)

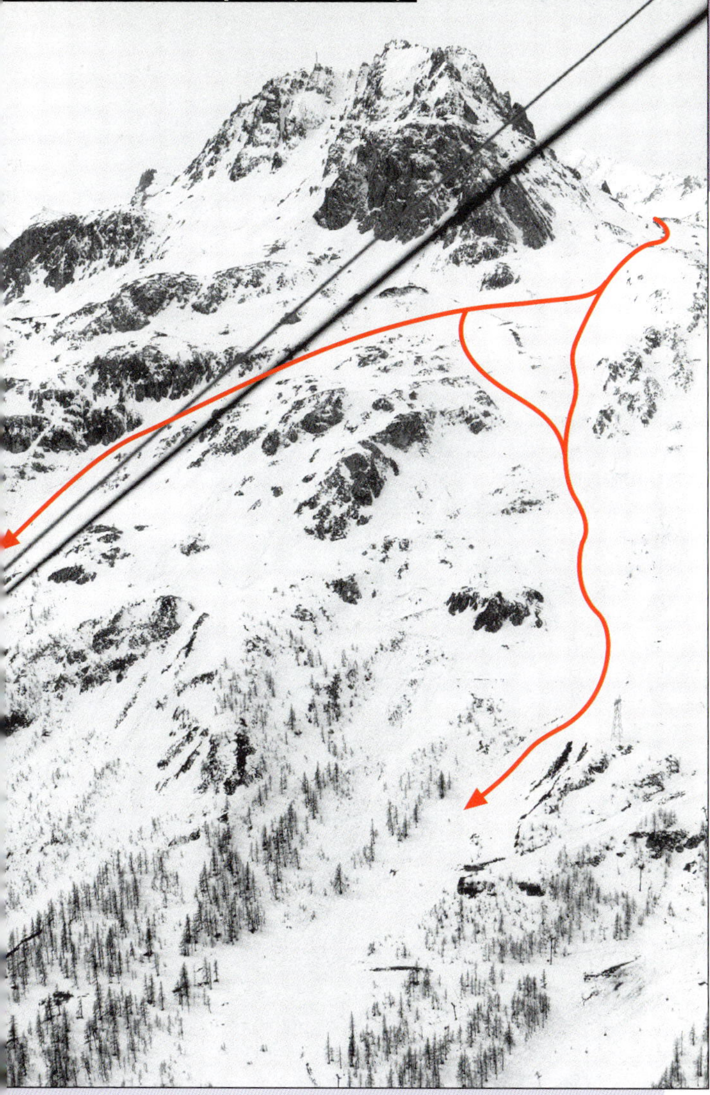

Photo 20 : La Daille, la Spatule (côté est - la descente des Coves

LA VALLEE PERDUE

Etonnante promenade, sans trop de difficultés, cette descente est accessible à tous les skieurs. Elle n'en reste pas moins l'une des plus belles de la station. Le paysage est digne de Disneyland (on aime ou on n'aime pas). Rien n'y manque, même pas le gazouillis des oiseaux au printemps. La seule restriction concerne le nombre de skieurs qui empruntent cette voie: l'enneigement ne résiste pas toujours, et le plaisir est alors gâché par la nécessité de trouver son chemin entre cailloux et troncs d'arbres dans ce passage étroit.

- **Itinéraire :** la Vallée Perdue est accessible depuis «l'intermédiaire» de la Daille. Passer au-dessus de l'arrivée du télécabine, et continuer face à l'ouest pour descendre vers l'altiport peu fréquenté de Val d'Isère. Très rapidement on discerne sur la droite une petite vallée encaissée qui se dirige vers la Daille. Ce petit canyon est accessible, mais on peut tomber sur quelques passages délicats: trou de souris sous un rocher dans lequel il faut se glisser, ou descentes scabreuses en escalier sur quelques mètres. On parvient ainsi jusqu'aux constructions de la Daille.

télécabine de la Daille	
500 m	est
peu difficile,	peu engagé
sauf dans quelques courts passages	l'indépendance des jambes est hélas nécessaire
	évident

GPS	Altitude	Latitude N	Longitude E
ENTREE	2223 m	N 45°27'33,3"	E 6°56'24,0"

THE LOST VALLEY

This surprising little tour is not difficult and can be enjoyed at all levels. It is nevertheless one of the most beautiful in the resort, with countryside views worthy of Disney cartoons (like it or not...). Nothing is missing, not even the birds chirping in springtime. The only drawback may be the number of skiers on this route: the snow cover might not resist the stress and then the pleasure can be spoilt by having to pick one's way between rocks and branches along a narrow path.

- ***Route :*** *the lost valley can be reached from the midway station (intermédiaire) of the Daille cabin lift. Pass above the station and head west down to the Val d'Isère altiport. To the right you soon discover a small but deep valley, leading to La Daille. Go down this little canyon, watching out for one or two tricky passages: holes at the foot of rocks into which you have to slide, or clumsy step-downs over several metres. This rugged path takes you to the Daille buildings.*

La Daille cabin lift

500 m	east
not difficult, except for a few short sections	not exposed
all winter	you definitely need two legs here, unfortunately
	obvious

	Altitude	Latitude N	Longitude E
ENTRANCE	2223 m	N 45°27'33,3"	E 6°56'24,0"

LA FAMILIALE SUD

Cette descente est un moyen agréable pour accéder à Val d'Isère en venant de Tignes. La qualité de la neige est toutefois aléatoire sur cette pente très ensoleillée. On préférera donc la pratiquer juste après les chutes de neige en se méfiant des coulées toujours possibles dans le haut.

- **Itinéraire :** du haut de la Tovière, se diriger au nord-est, en suivant le début de la piste qui mène au Col de Tovière, au sommet du téléski de Combe Folle. Après avoir viré à droite, comme pour descendre vers Val d'Isère, on peut, après quelques mètres, prendre sur la gauche, en traversée vers le nord-est. Cette pente exposée au sud est sujette à quelques coulées, et on s'en méfiera. Après avoir progressé de cent cinquante à deux cents mètres, commencer la descente en direction du télésiège des Tommeuses. Dès que l'on a dépassé la barre rocheuse qui marque l'extrémité est de la Pointe du Lavachet, il devient possible d'obliquer par la gauche pour rejoindre les pentes mieux exposées des Tufs de la Tovière qui surplombent l'altiport. On peut aussi poursuivre la descente dans les petits vallons qui mènent vers la vallée de la Tovière.

toutes remontées de Tovière

450 m	est
qualité de la neige	peu engagé
tout l'hiver	bien, sauf la traversée
coulées	traversée. Evident ensuite

GPS	Altitude	Latitude N	Longitude E
PETIT COL	2588 m	N 45°27'29,5"	E 6°55'21,7"
FIN DE PISTE	2517 m	N 45°27'24,3"	E 6°55'33,1"
SOUS LES TUFS DE TOVIERE	2339 m	N 45°27'37,4"	E 6°55'53,1"
CHALET DE TOVIERE	2111 m	N 45°27'42,9"	E 6°56'54,4"

Prendre la rive gauche de cette vallée, sous la barre du Roc de la Tovière. Après le passage des fermes en ruine, surmontées d'une croix, la pente devient plus forte. On peut à cet endroit rejoindre le fond des gorges et le bas de la Vallée Perdue. En restant sur la gauche, on pénètre dans la forêt pour descendre vers la Daille que l'on atteint derrière les immeubles.

THE FAMILY SOUTH RUN

This is a very pleasant way to get to Val d'Isère from Tignes. The snow is not always good on this very sunny slope, so it is best to try it soon after snowfall, always being aware of possible snowslide in the higher section.

- **Route :** *at the top of Tovière, head to the northeast, on the piste to the Col de Tovière, at the top of the Combe Folle lift. After veering right in the direction of Val d'Isère, you can take to the left after a few metres in a northeast traverse. This south-facing slope is avalanche prone so watch out. After 100 m or 200 m, you can start to descend towards*

all the Tovière lifts

450 m	*east*
poor snow quality	*not exposed*
all winter	*good, except for the traverse*
snowslide	*tricky traverse, obvious afterwards*

GPS	Altitude	Latitude N	Longitude E
LITTLE COL	2588 m	N 45°27'29,5"	E 6°55'21,7"
END OF THE PISTE	2517 m	N 45°27'24,3"	E 6°55'33,1"
BELOW THE TUFS DE TOVIERE	2339 m	N 45°27'37,4"	E 6°55'53,1"
CHALET DE TOVIERE	2111 m	N 45°27'42,9"	E 6°56'54,4"

the Tommeuses chairlift. Once past the rocks marking the eastern end of the Pointe du Lavachet, it becomes possible to go diagonally left to the better slopes of the Tufs of the Tovière, above the altiport. You can also continue down the little vales leading to the Tovière Valley.
Go down the left bank of this valley, below the Tovière Rock. After the ruins of old farm houses, topped with a cross, the slope gets steeper. From here you can get to the bottom of the gorge and the bottom end of the Lost Valley. If you keep to your left, you can cross the forest down to La Daille, arriving behind the buildings.

BRÉVIÈRES

TIGNES

LE VALLON DE LA SACHE

La grande classique de Tignes, dans un très beau décor, avec un dénivelé confortable. La neige est souvent très bonne, surtout dans le haut.

32 - **Itinéraire :** (photo 21) depuis le sommet du télésiège de l'Aiguille Percée, monter de quelques mètres dans l'axe de la remontée. En s'avançant sur le petit dôme, on a alors deux possibilités: un couloir assez pentu sur la droite, ou bien une descente plus douce entre quelques rochers sur la gauche. Le couloir fait une bonne cinquantaine de mètres, et amène le long de la piste noire du Vallon de la Sache, que l'on suit sur la gauche jusqu'à un long faux plat où il pourra être intéressant de la rejoindre. La descente de l'autre côté mène vers un large vallon où la pente risque d'être insuffisante par neige fraîche; il est donc préférable de revenir dès que possible vers la droite.
Après le faux plat, on peut de nouveau quitter la piste vers la gauche

télésiège de l'Aiguille Percée et télésiège du Marais	
900 m	nord
peu difficile. Très difficile dans l'option des gorges	assez engagé
tout l'hiver	bien mais quelques plats
barres rocheuses dans le bas (gorges)	peu complexe

GPS	Altitude	Latitude N	Longitude E
ENTREE	2657 m	N 45°29'05,1"	E 6°53'28,0"
DEBUT TRAVERSEE	2546 m	N 45°29'18,5"	E 6°53'33,0"
HAUT PENTE RAIDE	2424 m	N 45°29'25,5"	E 6°53'44,1"
TRAVERSEE A DROITE	2001 m	N 45°30'05,0"	E 6°54'34,5"
VARIANTE DE LA GORGE			
ENTREE SOUS LE GD PAREI	2071 m	N 45°30'06,2"	E 6°54'18,6"
PRISE D'EAU	1829 m	N 45°30'12,6"	E 6°54'44,5"

hoto 21 : Le Vallon de la Sache

pour les très belles pentes qui mènent vers une combe surmontée au nord par les rochers de la Grande Pareil. On restera sur la droite de cette combe pour pouvoir rejoindre la piste en traversée dès les premiers arbres, avant les gorges.

Variante des gorges: ceux qui aiment les sensations fortes peuvent rejoindre le fond des gorges en prenant à gauche de la combe que nous venons de citer, pour passer au pied de la Grande Pareil. La pente, orientée plein est, est très raide. Une autre option consiste à emprunter le petit couloir abrupt (45°) que l'on peut trouver à gauche de la piste du Vallon de la Sache. Il faut revenir à droite dès que possible pour rejoindre la piste, car le bas des gorges est absolument infranchissable.

THE VALE OF LA SACHE

A great classic of Tignes, in beautiful surroundings and with a good vertical drop. The snow is often very good, especially at the top.

- ***Route :*** *(photo 21) from the top of the Aiguille Percée chairlift, climb up a few metres in the same direction as the lift. Advancing on a little dome, you discover two options: a fairly steep couloir on the right, or a shallower slope with a few rocks on the left. The couloir is a good 50 m, and leads to a slope on the left of the Vallon de la Sache black piste. Follow parallel to the piste until you get to a long flatter section where you join it. The descent on the other side leads to a wide vale, which may not have enough angle in fresh snow, so get back to the right as soon as possible.*
  After the flat section, you can either leave the piste again, going left to great slopes leading to a wide gully, with the Grande Pareil rock-face above it to the north. Stay to the right of this gully in order to be able to get back to the piste before the gorge, by traversing at the first trees.

  Gorge variant: *for those who like thrills it is possible to get to the lower part of the gorge by going down the left bank of the gully men-*

tioned above. This east-facing slope is very steep. Another option is to go down a small steep couloir (45°) on the left of the Vallon de la Sache piste. You must return to the right as soon as possible, to get back to the piste, because the bottom of the gorge itself is totally impassable.

Aiguille Percée chairlift and Marais chairlift	
900 m	*north*
not difficult. Very difficult in the gorge option	*quite exposed*
all winter	*good with a few level stretches*
rocks at the bottom (gorge)	*not complicated*

GPS	Altitude	Latitude N	Longitude E
ENTRANCE	2657 m	N 45°29'05,1"	E 6°53'28,0"
BEGINNING OF THE TRAVERSE	2546 m	N 45°29'18,5"	E 6°53'33,0"
TOP OF THE STEEP SLOP	2424 m	N 45°29'25,5"	E 6°53'44,1"
TRAVERSE TO THE RIGHT	2001 m	N 45°30'05,0"	E 6°54'34,5"
THE GORGE VARIANT			
ENTREANCE BELOW THE GD PAREI	2071 m	N 45°30'06,2"	E 6°54'18,6"
WATER PUMP STATION	1829 m	N 45°30'12,6"	E 6°54'44,5"

LE GLATTIER

Une belle et large pente, facile d'accès, à faire tôt le matin pour profiter de la neige transformée au printemps.

33

- **Itinéraire :** en haut du télésiège de l'Aiguille Rouge, prendre la piste du Petit Col. A l'endroit où elle se sépare de la piste du Rhododendron, se diriger plein est. On trouve alors une large combe. Prendre le meilleur versant selon la qualité de la neige. La combe se resserre un peu vers le bas pour arriver sur le paravalanche du Glattier. De là une navette permet de remonter au Lac de Tignes. Regarder les horaires.

télésiège de l'Aiguille Rouge ou de Chaudannes

500 m	est
facile	assez engagé
printemps	très bien
coulées	navette pour remonter

GPS	Altitude	Latitude N	Longitude E
PETIT COL	2340 m	N 45°29'00,6"	E 6°54'38,2"
HAUT DE LA COMBE	2023 m	N 45°28'51,6"	E 6°55'11,5"
PARAVALANCHE	1017 m	N 45°28'50,8"	E 6°55'27,3"

THE GLATTIER

A beautiful, wide, easily accessible slope which should be skied early in the morning to make the most of the transformed snow in spring.

- **Route :** *at the top of the Aiguille Rouge chairlift, take the Petit Col piste. Where it separates from the Rhododendron piste, go due east until you come to a wide gully. Go down whichever side has the best snow. The gully gets narrower towards the bottom and comes out at the Glattier avalanche protection. From here you can take the bus back up to the Tignes lake. Check the timetable beforehand.*

Aiguille Rouge or Chaudannes chairlift			
500 m		*east*	
easy		*not exposed*	
spring		*very good*	
snowslide		*bus to get back up*	

GPS	Altitude	Latitude N	Longitude E
LITTLE COL	2340 m	N 45°29'00,6"	E 6°54'38,2"
TOP OF THE BOWL	2023 m	N 45°28'51,6"	E 6°55'11,5"
AVALANCHE PROTECTION WALL	1017 m	N 45°28'50,8"	E 6°55'27,3"

PALAFOUR

Cette pente bien ensoleillée, qui permet de redescendre jusqu'à la station, comporte de nombreuses variantes (photo 22). Néophytes du hors-pistes et amateurs du ski extrême y trouveront chacun un terrain à leur convenance. L'exposition au sud ne permet pas de garantir la qualité de la neige en hiver. Au printemps par contre, la neige se transforme rapidement et la descente devient alors un régal.

- **Itinéraire :**
  - **Voie classique:** passer à travers l'Aiguille Percée ou franchir le col situé une dizaine de mètres plus loin sur la crête. On accède ainsi à une belle pente orientée au sud, assez fréquentée. Les skieurs moyens peuvent contourner l'Aiguille par la droite et revenir ensuite vers la gauche. A mi-pente, il faut prendre en traversée vers l'est, pour atteindre un col qui domine une large cuvette. On peut contourner celle-ci par

télésiège de l'Aiguille Percée ou télésiège du Marais	
650 m	sud-est
peu difficile par la voie classique, à extrêmement difficile par le Kim-Cône	peu engagé
printemps	très bien, sauf Kim-Cône
dévissage et coulées dans le Kim-Cône	évident

GPS	Altitude	Latitude N	Longitude E
AIGUILLE PERCEE	2711 m	N 45°29'00,7"	E 6°53'26,9"
PETITE COMBE	2513 m	N 45°28'48,1"	E 6°53'54,4"
DIGUE	2304 m	N 45°28'33,2"	E 6°54'07,9"
PETIT COL			
COL	2662 m	N 45°28'59,2"	E 6°53'50,8"
JONCTION PISTE	2289 m	N 45°28'40,9"	E 6°54'28,0"

hoto 22 : Palafour, 1. par l'Aiguille Percée
. par le Col - 3. par le Kim-Cône

la gauche, et poursuivre sur la pente assez douce qui mène vers le bas de la piste des Bleuets.

En contournant la cuvette par la droite, on rejoint une sorte de monticule. De part et d'autre se trouvent deux très beaux couloirs séparés par une aiguille rocheuse. Celui de gauche est le plus facile. Plus à droite, en franchissant une petite crête, on découvre une pente plus forte, pouvant atteindre 40° dans le haut.

Ces trois passages conduisent vers une large cuvette. On s'en échappe par la gauche pour rejoindre la piste des Bleuets, ou droit devant en prenant de l'élan pour franchir la digue paravalanche qui borde la cuvette en aval. Au delà il est facile de rejoindre Tignes le Lac.

- **Par le col:** Descendre la piste de la Corniche, sur 200 m environ, depuis l'Aiguille Percée. Quitter ensuite la piste par la droite pour passer juste en dessous de la barre rocheuse, et rejoindre la crête à l'endroit du col pour le franchir. La descente, qui ne présente pas de difficulté particulière, est balisée de chaque côté par deux aiguilles rocheuses du plus bel effet. La pente, proche de 40° au départ, interdit ce passage aux skieurs à la technique peu sûre. Le risque de coulée sur ce versant très exposé est important.
- **Variante Kim-Cône.** Ce couloir, situé à l'extrême est du massif de l'Aiguille Percée, doit son nom à l'aspect de cornet glacé qu'il peut avoir lorsqu'on le contemple depuis le bas de la station. La pente, qui ne doit pas être très éloignée de 60°, et l'exposition sud le rendent particulièrement dangereux. Les conditions d'accès sont rarement réunies: la cohésion de la neige doit être suffisante pour tenir sur ce fond de plaque rocheuse. Seuis les habitués du ski extrême s'y risqueront, mais avec précaution. Pour l'atteindre, il faut procéder comme pour prendre le col ci-dessus, mais poursuivre la marche sur la crête en montant vers le premier sommet. Le couloir se trouve entre celui-ci et le second sommet normalement marqué d'un piquet. Le troisième sommet surmonté d'une croix marque la fin du massif. Se méfier de la corniche du sommet, généralement très instable et dont l'effon-

drement ne pardonnerait pas. On sort du couloir par la droite pour rejoindre Palafour.

PALAFOUR

This sunny slope goes all the way down to the resort and it has numerous variants (photo 22). Off-piste beginners and accomplished extreme skiers alike will find terrain to suit. Its southern aspect means the snow quality isn't guaranteed in winter, but in spring the snow transforms quickly and the run becomes sheer pleasure.

- Route :

- **Classic route:** *Cross through the Aiguille Percée itself (pierced peak) or the small pass 10m further on the ridge, to get to a quite busy south-facing slope. Less experienced skiers can sidle around the Aigu-*

Aiguille Percée or Marais chairlifts	
650 m	*southeast*
easy on the classic route to extremely difficult via the Kim-Cone	*not so exposed*
spring	*fine. Experts only for the Kim-Cone*
risk of sliding and snowslide on the Kim-Cone	*obvious*

GPS	Altitude	Latitude N	Longitude E
AIGUILLE PERCEE	2711 m	N 45°29'00,7"	E 6°53'26,9"
SMALL BOWL	2513 m	N 45°28'48,1"	E 6°53'54,4"
DAM	2304 m	N 45°28'33,2"	E 6°54'07,9"
PETIT COL			
THE PASS	2662 m	N 45°28'59,2"	E 6°53'50,8"
JONCTION PISTE	2289 m	N 45°28'40,9"	E 6°54'28,0"

ille to the right, and then come back left. At mid-slope, traverse east to reach a col overlooking a small bowl. You can go around it to the left, then continue down a gentle slope onto the lower part of the Bleuets piste. If you go around it to the right, you reach a kind of wide hilltop, either side of which you discover two couloirs separated by a rocky outcrop. The one on the left is easier. Further on the right, after a small ridge, there is a steeper couloir, nearing 40° in its upper section.

All three couloirs lead to the same wide bowl, which you exit either on the left to reach the Bleuet piste, or straight ahead, gaining speed to get over the avalanche barrier-wall forming the downhill limit of the bowl. Then you can easily reach Tignes-le-Lac.

- ***By the col:*** *From the Aiguille Percée, follow the Piste de la Corniche for about 200 m. Leave it, going to the right. Pass just below the rock-barrier, then gain the crestline at the level of the col and pass it. The descent offers no striking difficulty and it is guarded on each side by two very decorative rocky spires. However, the slope is close to 40° at the top, which excludes technically unsure skiers. Snowslide is frequent.*

- **Kim-Cone Variant.** *This couloir, situated at the extreme east of the Aiguille Percée massif, is so named because it looks quite like an ice-cream cone when viewed from down below. The couloir is nearing 60° there, and the south-facing aspect makes it particularly dangerous. It is rarely in condition, as the snow must be cohesive enough to hold on the steep rocky slabs underneath. Only the very proficient extreme-adventure seekers will take such risk, with all the usual care. To reach it, go as for the col, then continue walking up the crestline to the first summit. The couloir is between the first and second summits, the latter usually marked with a stake. The third summit, capped with a cross, marks the end of the range. Be careful on the usually unstable cornice at the top, its collapsing would be lethal. Come out of the couloir to the right to join Palafour.*

LE PLAN DE LA TOURNE

Courte descente, bien visible des remontées, sur un large plan qui permet à chacun de montrer son talent après les chutes de neige. Le risque d'avalanche est toutefois important: au printemps, le terrain se détériore rapidement sur ce versant exposé au soleil.

- **Itinéraire :** depuis le haut du télésiège, effectuer une longue traversée sur la gauche, vers l'ouest, pour atteindre la large pente située sous le sommet de la Tourne. On rejoint sans difficulté le départ du télésiège.

télésiège de l'Aiguille Percée	
330 m	sud-est
	peu engagé
tout l'hiver	bien, sauf la traversée du début
avalanches	évident

GPS	Altitude	Latitude N	Longitude E
ENTREE GDE PENTE	2599 m	N 45°28′45,7″	E 6°52′50,1″

THE PLANE OF THE TOURNE

A short descent, visible from the lifts. A good place to show off your tracks in fresh snow. Don't neglect the avalanche risk: in springtime, conditions change quickly there because of the sunny aspect.

- ***Route :*** *from the top of the chairlift , start on a long traverse westwards, to the left, until you reach a wide slope right under the summit of the Tourne. Getting back to the chairlift is obvious.*

télésiège de l'Aiguille Percée			
330 m		sud-est	
		peu engagé	
tout l'hiver		bien, sauf la traversée du début	
avalanches		évident	

GPS	Altitude	Latitude N	Longitude E
ENTRANCE TO THE LARGE SLOPE	2599 m	N 45°28'45,7"	E 6°52'50,1"

PEIZEY PAR LE COL DE LA TOURNE

Encore une belle traversée inter-stations, un peu plus difficile techniquement que la descente sur Champagny. Toujours le taxi pour rentrer.

- **Itinéraire :** depuis le télésiège du Grand-Huit, suivre la piste Perce Neige sur 50 mètres, puis monter à pied face à l'ouest environ 20 mn pour atteindre le Col de la Tourne. De là, on descend dans une large vallée en direction du sud-ouest. Il faut ensuite revenir à droite vers le nord-ouest. Par de très longues traversées on atteint le chalet des Gardes du Berthoud, reconnaissable à son toit très pointu et recouvert de bardeaux. On le laissera sur la droite pour suivre le ruisseau sur 200 m environ. Aux premiers arbres il faut passer sur la rive gauche pour retrouver un sentier d'été que l'on remonte sur quelques mètres. Par un cheminement assez exposé, on atteint une large pente assez raide, souvent en boules d'avalanches très dures qu'il faut traverser. Attention au dévissage. La pente s'adoucit pour conduire au chalet refuge de Rosuel.

  En poussant sur les bâtons une dizaine de minutes, on suit la route

télésiège du Grand-Huit

1100 m	ouest dans le haut, puis nord
assez difficile dans la partie basse	engagé
printemps	déconseillé: montée, traversées et faux plat
dévissage dans le bas	complexe; 20 mn de montée

GPS	Altitude	Latitude N	Longitude E
COL DE LA TOURNE	2661 m	N 45°28'39,5"	E 6°52'22,4"
DEBUT TRAVERSEE	2406 m	N 45°28'14,1"	E 6°51'23,3"
BERGERIE	2018 m	N 45°30'32,9"	E 6°50'02,1"
TRAVERSEE A GAUCHE	1876 m	N 45°30'51,7"	E 6°49'41,1"
FIN TRAVERSEE	1740 m	N 45°30'50,3"	E 6°49'04,5"

jusqu'au pont Baudin où une navette toutes les demi-heures permet de rejoindre les remontées mécaniques de Peizey. De là, on peut atteindre les Arcs puis Villaroger où l'on aura prévu un taxi pour rejoindre Tignes ou Val d'Isère.

PEIZEY VIA THE COL OF TOURNE

This is another great run between resorts. It is a bit more difficult technically than the run down to Champagny. You also take a taxi back.

- ***Route :*** *from the top of the Grand-Huit chairlift, follow the Perce Neige piste for 50 m, then walk up westwards for about 20 mn to the Col de la Tourne. From here you ski down a wide southwest facing valley. Then you have to go back to the right (north-westwards). After several long traverses you reach the Berthoud Guards chalet, which you easily know from its pointed roof, covered in wooden slates. Leave it to your right and follow the stream for about 200 m. When you arrive at the first*

Start	*Grand-Huit chairlift*		
Descent	*1100 m*	Orientation	*west, then north*
Difficulty	*quite difficult in the lower section*	Exposure	*exposed*
Season	*spring*	Snowboard	*not recommended: climb, traverse and flat stretches*
Danger	*risk of sliding in lower section*	Route finding	*complicated, 20 mn climb*

GPS	Altitude	Latitude N	Longitude E
PASS OF LA TOURNE	2661 m	N 45°28'39,5"	E 6°52'22,4"
BEGINNING OF THE TRAVERSE	2406 m	N 45°28'14,1"	E 6°51'23,3"
SHEEP PEN	2018 m	N 45°30'32,9"	E 6°50'02,1"
LEFT TRAVERSE	1876 m	N 45°30'51,7"	E 6°49'41,1"
END OF TRAVERSE	1740 m	N 45°30'50,3"	E 6°49'04,5"

trees, cross over to the left bank to join a summer path, which you climb up on a few metres. The next part of the route is quite exposed, going across a wide steep slope which you must traverse and which is often made up of big hard snowballs from avalanche. Be careful not to slide. The slope becomes less steep as you approach the Rosuel mountain hut. After about 12 mn of stick-pushing along the road, you arrive at the Baudin bridge. Buses stop there every half hour and take you back to the Peizey lifts. From there, you can get to Les Arcs then Villaroger, where you will have ordered a taxi beforehand, to take you back to Tignes or Val d'Isère.

LAVACHET
TIGNES

37

LES OREILLES DE MICKEY

Cette superbe descente qui surplombe le barrage de Tignes, rassemble tous les plaisirs: du couloir à la forêt, en passant par le saut de corniche et la descente libre sur un large plan. Elle doit son nom aux deux antennes accolées du relais hertzien situé au sommet de la pointe du Lavachet. Plusieurs options sont possibles, à commencer par le choix du couloir de départ. Elle se termine soit le long du lac du Chevril, soit à Tignes-le-Lac.

- **Itinéraire :** depuis le sommet de Tovière, descendre face au nord sur la petite portion de piste qui rejoint en bordure de crête le haut du téléski de Combe Folle. Poursuivre dans cet axe en montant le long de la crête qui mène au sommet de la pointe du Lavachet. On aperçoit très bien la double antenne qu'il faut rejoindre puis dépasser, en la contournant par la gauche (photo 23). Un premier couloir surmonté le plus souvent d'une haute corniche se présente alors sur la droite. La partie gauche de ce couloir, orientée plein est, est large mais pentue. Un second couloir se trouve une trentaine de mètres plus loin; il est plus ouvert et moins raide.

toutes les remontées du sommet de Tovière

850 m, dont 300 m de couloir	nord-est
très difficile. Pente jusqu'à 45°	engagé
tout l'hiver	virtuoses seulement
corniche susceptible de s'effondrer; coulées	délicat dans le haut, varié dans le bas

GPS	Altitude	Latitude N	Longitude E
TUFS DE LA TOVIERE	2622 m	N 45°27'40,2"	E 6°55'28,4"
ENTREE COULOIR	2599 m	N 45°27'48,7"	E 6°55'18,3"
PAS DE LA TOVIERE	2259 m	N 45°28'08,0"	E 6°55'24,6"
LE LAVACHET	2074 m	N 45°28'16,1"	E 6°54'55,2"

Photo 23 : les Oreilles de Mickey

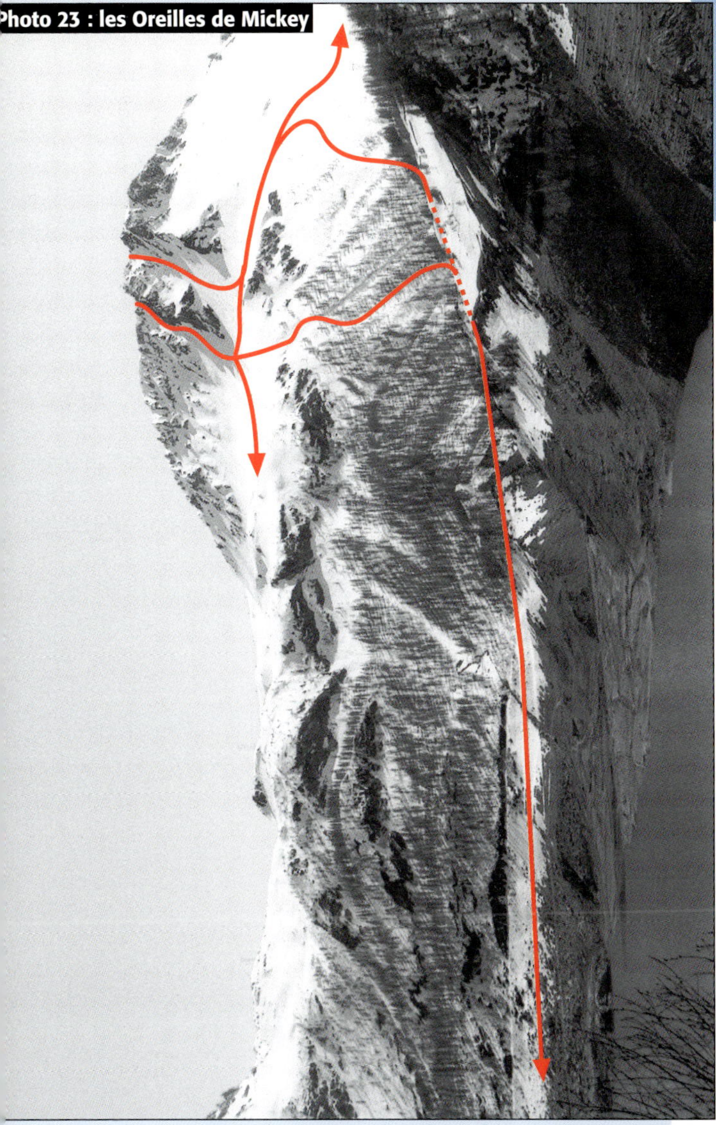

- **Variante Tignes le Lac:** en bas des couloirs, avant le grand faux plat, prendre en traversée à gauche vers la station. On trouve bientôt une belle pente orientée au nord-ouest, le Pas de la Tovière, qui ne comporte pas de difficulté. Très bonne neige en général, mais avec quelques risques de plaques à vent. Garder suffisamment d'altitude pour pouvoir rejoindre Tignes.
- **Variante du Lac du Chevril:** poursuivre la descente sur le Pas de la Tovière, face au nord vers le ruisseau du Lac. En amont des sources nommées Gouilles de Salin, revenir vers la forêt que l'on aperçoit sur la droite et la traverser. On peut aussi poursuivre vers le ruisseau pour prendre la rive gauche vers le village des Combes. Descendre ensuite vers le Lac du Chevril. Il faut revenir à droite suffisamment tôt pour rejoindre l'ancien pont de la route qui reliait le vieux village de Tignes, aujourd'hui submergé, à Val d'Isère. Il permet de traverser l'Isère à l'extremité est du lac pour rejoindre le village de la Reculaz situé sur l'autre rive. Compter 20 minutes de marche en montée. A la Reculaz, prendre un taxi jusqu'à Val d'Isère.
  Bien entendu cette variante ne peut être entreprise que si le niveau du lac est suffisamment bas pour que le pont sorte de l'eau. S'en assurer auparavant!
- **Variante de la Daille:** en bas des couloirs, rejoindre complétement sur la droite l'Altiport et le bas de l'itinéraire hors-piste Familiale Sud. Cette option peut être très agréable au printemps.

MICKEY'S EARS

This superb run, overlooking the Tignes dam, has got all the goodies: forest runs and wide open slopes, couloirs, and even cornice jumping. Its name is due to the two aerials protruding either side of the hertzian equipment at the top of the pointe du Lavachet. There are many possi-

bilities, starting with a choice of couloirs at the start. You can finish either at the Chevril lake or at Tignes-le-Lac.

- ***Route :*** *(photo 23) from the top of Tovière, ski northwards down a small section of the piste joining the top of the Combe Folle lift, on the crestline. Keep going in this direction, up along the ridge leading to the top of the Pointe du Lavachet. Head for the double aerial and pass to its left. On the right, you will soon see the first couloir, usually topped with a large cornice. Its left side, facing east, is quite wide but very steep. About 30 m further is the second couloir, more open and not as steep. Make your choice.*
  - ***Tignes-le-Lac variant:*** *at the bottom of the couloirs and before getting to a flatter area, traverse leftwards in the direction of the resort. You soon get to a beautiful northwest facing slope, the Pas de la Tovière. This slope is not difficult and the snow is usually good, with a small risk of windslab however. Keep high enough to be able to get back to Tignes.*

all the lifts to the top of Tovière	
850 m, including 300 m of couloirs	*northeast*
very difficult. Up to 45° slope	*exposed*
all winter	*virtuosos only*
cornice liable to collapse, snowslide	*tricky at the top, varied at bottom*

GPS	Altitude	Latitude N	Longitude E
TUFS DE LA TOVIERE	2622 m	N 45°27'40,2"	E 6°55'28,4"
START OF THE COULOIR	2599 m	N 45°27'48,7"	E 6°55'18,3"
"PAS DE LA TOVIERE"	2259 m	N 45°28'08,0"	E 6°55'24,6"
"LE LAVACHET"	2074 m	N 45°28'16,1"	E 6°54'55,2"

- ***Lake of Chevril variant:*** *This variant can only be taken if the water is low enough to expose the bridge. Make sure before you leave! Continue down the Pas de la Tovière towards the stream of Le Lac. Once above the springs called "Gouilles de Salin", go back towards the forest on your right, and cross it. You can also continue towards the stream and then follow the right bank down to the village of Les Combes. Then ski down towards the Lake of Chevril. You have to cut to the right early enough to be able to get to the old bridge, on the road which used to link the old Tignes village (now under water) to Val d'Isère . This allows you to cross over the Isère river at the eastern end of the lake and get to the village of La Reculaz on the other side. There is about a 20 mn's walk uphill to La Reculaz, where you take a taxi back to Val d'Isère .*
- ***La Daille variant:*** *at the bottom of the couloirs, go far right to the Altiport and the lower part of the Familiale Sud off-piste run, down to La Daille. This can be a very nice variant in the spring.*

LES PENTES DU LAVACHET

De belles descentes faciles d'accès, qui dominent la station de Tignes le Lac. Gros danger après les chutes de neige sur ce versant exposé au vent.

- **Itinéraire :** (photo 24) du haut de l'Aéroski, prendre la piste des Crêtes puis descendre les pentes qui se trouvent à droite du téléski de Combe Folle. Un peu avant d'arriver au départ de ce téléski, faire une longue traversée vers la droite pour passer sous les paravalanches du sommet de la Pointe du Lavachet. On atteint ainsi le haut des pentes du Lavachet, juste au-dessus de la station. De 35° à 40°, elle peuvent se skier sur toute leur largeur, en se méfiant terriblement des avalanches.

Aéroski	
600 m	nord-ouest
difficile	peu engagé
tout l'hiver	pour les bons
avalanches; dévissage	évident

GPS	Altitude	Latitude N	Longitude E
TRAVERSEE	2574 m	N 45°27'32,0"	E 6°55'19,5"
SOUS LA POINTE DU LAVACHET	2425 m	N 45°27'53,5"	E 6°55'02,3"

THE LAVACHET SLOPES

Nice and close to the runs, these slopes overlook Tignes-le-Lac. Great danger after snowfalls, though, because of their wind-exposed aspect (risk of windslab).

- ***Route :*** *(photo 24) take the Crêtes piste from the top of the Aéroski and go down the slopes to the right of the Combe Folle lift. Just before you get to the bottom of this lift, start on a very long traverse to the right to pass below the avalanche protections on the top part of the Pointe du Lavachet, until you get to the top of the Lavachet slopes, just above the resort. You can ski down the whole width of these 35° to 40° slopes, but always keep terribly aware of the avalanche risk.*

Aéroski Tovière cabin lift	
600 m	northwest
difficult	not exposed
all winter	for experts
avalanche and snowslide	obvious

GPS	Altitude	Latitude N	Longitude E
TRAVERSE	2574 m	N 45°27'32,0"	E 6°55'19,5"
BELOW "POINTE DU LAVACHET"	2425 m	N 45°27'53,5"	E 6°55'02,3"

Photo 24 : les pentes du Lavachet

LES COULOIRS DES TUFS

39

Plusieurs couloirs très étroits au voisinage immédiat des pistes, voici qui réjouira les amateurs! Cette proximité ne doit pas faire oublier les risques et la difficulté technique.

- **Itinéraire :** (photo 25) du haut de Tovière, prendre la piste H vers Tignes, jusqu'au premier grand replat, lorsque la piste décrit un long virage sur la gauche. Là, il faut quitter la piste sur la droite, en traversée vers l'ouest pour passer juste en dessous du massif rocheux à travers quelques cascades. On atteint rapidement le haut des couloirs, qui sont tous de la même difficulté. Il faut descendre jusqu'en bas celui que l'on a choisi. Les couloirs débouchent sur une large pente qui va en s'adoucissant et au bas de laquelle, sur la gauche, on rejoint le village des Chartreux. Il est ensuite facile d'atteindre la route et la navette Tignes-le-Lac Val Claret.

Aéroski

600 m dont 400 m hors-pistes	ouest
difficile, plus de 35°	assez engagé
tout l'hiver	vraiment étroit, déconseillé
cascade difficile à passer par faible enneigement	peu complexe, mais il est difficile de trouver quel couloir choisir

GPS	Altitude	Latitude N	Longitude E
HAUT DES COULOIRS	2449 m	N 45°27'30,9'''	E 6°54'36,9"
LES CHARTREUX	2102 m	N 45°27'41,5"	E 6°54'11,3"

Photo 25 : les couloirs des Tufs

THE TUFS COULOIRS

Several very narrow couloirs, right next to the pistes, what else can you ask for? However, don't let this proximity fool you: it is a very risky and technically demanding descent.

- ***Route :*** *(photo 25) from the top of Tovière, take the H piste towards Tignes until the slope gets gentler, at the level of a long bend to the left. Leave the piste, traversing to the right, heading westwards, and pass just below the rocky part of the range, across several icefalls. You soon come to the top of the couloirs, all presenting the same level of difficulty. Whichever one you choose, you have to go all the way down to the bottom. They all end on a wide slope which gradually gets shallower until you reach the Chartreux village on the left. Then, just get to the road to catch the Tignes-le-Lac/Val Claret buses.*

Aéroski Tovière cabin lift	
600 m, including 400 m off-piste	*west*
difficult. Over 35° slope	*quite exposed*
all winter	*very narrow indeed. We would say impossible*
icefalls difficult to get past if snowcover is not sufficient	*not complicated, but difficult to choose which couloir to go down*

GPS	Altitude	Latitude N	Longitude E
TOP OF THE COULOIRS	2449 m	N 45°27'30,9"'	E 6°54'36,9"
LES CHARTREUX	2102 m	N 45°27'41,5"	E 6°54'11,3"

VAL CLARET
TIGNES

LOGNAN

40

D'accès aisé, cette descente un peu courte a aussi le mérite d'être techniquement très abordable pour le skieur moyen. Une bonne école pour le hors-pistes, avec en prime une neige rapidement transformée au printemps.

- **Itinéraire :** (photo 26) du haut du télésiège, prendre la piste de Lognan sur environ 600 m. On parvient ainsi à un embranchement à partir duquel la piste se sépare en deux, la piste rouge de Lognan à droite et la piste bleue du Merle Blanc à gauche. Entre les deux, après avoir contourné d'un côté ou de l'autre un massif rocheux, on découvre une large pente. Un passage plus technique existe au milieu du massif, à condition de traverser la grande cuvette que l'on découvre à gauche de la piste de Lognan. De nombreuses possibilités se présentent ensuite. On aura donc eu soin de repérer sa trajectoire avant de descendre, soit depuis le versant d'en face, soit pendant la montée, pour avoir le moins de traces possible. La descente se poursuit jusqu'au fond de la vallée, entre la piste de Lognan et le ruisseau du Chardonnet. Il faut garder suffisamment de pente dans le bas pour rejoindre les remontées. Sur la droite on peut ainsi atteindre le départ de la Grande Motte, et sur la gauche le bus de Val Claret.

télésiège de Grattalu ou du Merle Blanc

600 m, dont 350 m hors-pistes	est
peu difficile	peu engagé
tout l'hiver	très bien
plaques à vent après les chutes	évident

GPS	Altitude	Latitude N	Longitude E
HAUT DES GRDS PENTES	2475 m	N 45°27'34,0"	E 6°53'10,2"
ROND POINT	2105 m	N 45°27'29,9"	E 6°53'55,0"

hoto 26 : Lognan

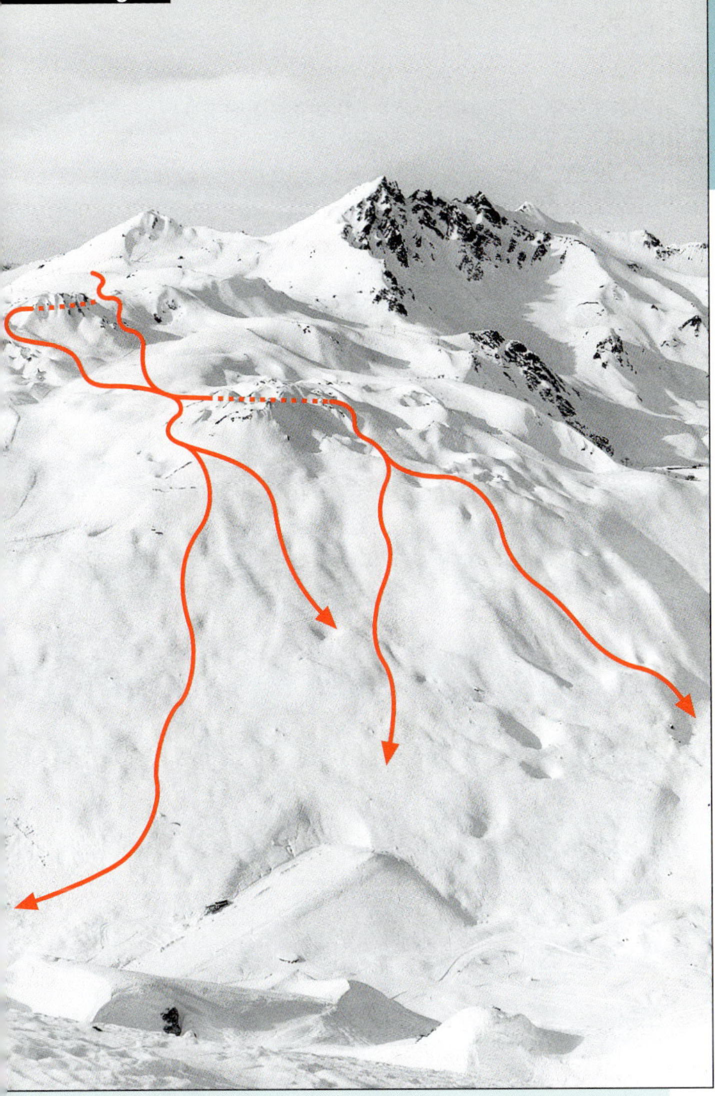

LOGNAN

A little too short, but close to the lifts, it also has the advantage of being technically accessible to less experienced skiers This is a good run to get some off-piste practise, especially in the spring, as the snow transforms quickly.

- ***Route :*** *(photo 26) from the top of the chairlift, ski down the Lognan piste on about 600m. You come to a junction where the piste divides into two, the red piste (Lognan) to the right and the blue piste (Merle Blanc) to the left. Between the two is a large rocky outcrop which you can go around on either side, and then you come to a wide slope. You can use a more technical passage in the rocks if you just cross the wide bowl you can see on the left of the Lognan piste. Then, there are numerous possibilities: we advise you to make your choice beforehand, either from the opposite slopes or during the ride up. Choose the section with the fewer tracks. The descent goes all the way down, between the Lognan piste and the Chardonnet stream. In the lower part, stay high enough to be able to get back to the lifts. You can either get to the start of the Grande Motte Funicular lift on the right, or to the Val Claret bus on the left.*

Grattalu or Merle Blanc chairlifts

600 m, including 350 m off-piste	east
not difficult	not exposed
all winter	very good
windslab after snowfall	obvious

GPS	Altitude	Latitude N	Longitude E
TOP OF THE LARGE SLOPES	2475 m	N 45°27'34,0"	E 6°53'10,2"
ROND POINT	2105 m	N 45°27'29,9"	E 6°53'55,0"

LES GRAPPILLONS

Cette belle pente, un peu courte, sans difficulté particulière et bénéficiant d'une exposition nord-est est fort tentante. Rares sont cependant ceux qui succombent, car la marche d'approche est un peu longue et parfois pénible. Raison de plus pour s'entêter, car un projet de télésiège risque de transformer bientôt ce plan sauvage en vulgaire piste (Photo 27).

- **Itinéraire :** Au sommet du télésiège du Merle Blanc, se diriger à pied vers le petit col situé tout de suite sur la droite. Grimper de quelques mètres sur la crête jusqu'au passage permettant de descendre entre deux rochers vers le large cirque situé de l'autre côté. Poursuivre la traversée au-delà du massif rocheux jusque vers le milieu du cirque et reprendre la montée à pied vers le point le plus bas de la crête, en se méfiant des avalanches toujours possibles sur cette face ouest. La crête franchie, sur la gauche, deux vallons s'offrent à la descente. Ils s'incurvent progressivement vers la droite avant de se rejoindre. La pente s'adoucit alors, jusqu'à devenir insuffisante par neige profonde. Il faut traverser le lac du Chardonnet pour rejoindre, en montant légèrement, le départ du télésiège du Grand-Huit.

télésiège du Merle Blanc	
500 m	nord-est, puis est
facile	assez engagé
printemps	très bien, sauf le plat sur la fin
avalanches dans la montée	Cheminement

GPS	Altitude	Latitude N	Longitude E
PETIT COL	2778 m	N 45°27'42,7"	E 6°52'09,8"
ARETE	2808 m	N 45°27'57,4"	E 6°52'08,2"
BAS DE LA COMBE	2651 m	N 45°28'12,6"	E 6°52'14,1"
LAC	2391 m	N 45°28'02,1"	E 6°53'01,2"

LES GRAPPILLONS

A beautiful run in the wild, not too long and not especially difficult, with a rare northeastern aspect. Tempting and not too crowded because of a rather long and sometimes tiring approach. Take advantage of it before a new chairlift transforms this beautiful isolated little valley into a regular piste, sooner or later.

- ***Route :*** *(photo 27) From the top of the Merle Blanc chairlift, walk to a small col situated immediately on the right. Walk up a few metres on the crestline until you find a way between two big rocks to drop down into a wide basin. Traverse into the middle of the basin then start walking up again in the direction of the lowest point in the opposite ridge. Beware of avalanche on this west-facing slope.*
  Once the ridge is crossed, head to the left where two little valleys offer a choice, both curving slowly to the right before joining up. The slope is less steep now, even insufficient in deep snow. You have to cross the lake of Chardonnet to reach the start of the Grand-Huit chairlift, slightly uphill.

Merle Blanc chairlift

500 m	northeast, then east
easy	exposed
spring	no problem, a little flat at the end
avalanche on the approach	30 mn's walk

GPS	Altitude	Latitude N	Longitude E
LITTLE COL	2778 m	N 45°27'42,7"	E 6°52'09,8"
RIDGE	2808 m	N 45°27'57,4"	E 6°52'08,2"
BOTTOM OF THE BOWL	2651 m	N 45°28'12,6"	E 6°52'14,1"
LAKE	2391 m	N 45°28'02,1"	E 6°53'01,2"

Photo 27 : Val Claret, 1. Les couloirs du Chardonnet - 2. Les Grappillons

LES COULOIRS DU CHARDONNET

Deux beaux couloirs, dans un secteur très abrité où la neige poudreuse reste assez bonne, même après un peu de vent.

42

- **Itinéraire :** (photo 27) depuis l'arrivée du télésiège du Merle Blanc, prendre à droite, vers le nord, et monter une cinquantaine de mètres de dénivelé pour rejoindre un petit col qui se trouve sur l'arête est de la Pointe du Chardonnet. De là, face au nord, s'ouvre un couloir assez raide (40°) mais large, qui descend sur une centaine de mètres. Il donne sur une belle pente, moins abrupte, que l'on peut skier sur toute sa largeur jusqu'au Lac du Chardonnet. On le traversera pour remonter une dizaine de mètres et rejoindre ainsi le télésiège du Grand Huit.
  Un autre couloir s'ouvre un peu au dessus de celui-ci. Pour l'atteindre, il suffit de monter cinquante mètres un peu plus haut, au delà de la petite butte bien visible depuis l'arrivée du télésiège. Plus long, plus pentu, plus étroit, mais surtout beaucoup moins fréquenté, il mérite cet effort.

télésiège du Merle Blanc	
300 m	nord
difficile	assez engagé
tout l'hiver	pour les très bons
avalanches	10 mn de marche

GPS	Altitude	Latitude N	Longitude E
ENTREE COULOIR	2735 m	N 45°27'45,9"	E 6°52'20,2"

THE CHARDONNET COULOIRS

Beautiful couloirs in a very sheltered area, where the powder stays good even after some wind.

- **Route :** *(photo 27) From the top of the Merle Blanc chairlift, walk up northwards to the right (about 50m vertical height) to a little col on the east ridge of the Pointe du Chardonnet. From here a steep (40°) but fairly wide north-facing couloir goes down about 100 m. The lower part is not quite as steep and wider, and you can ski across its whole width down to the Lac du Chardonnet. Cross the lake and walk up a dozen metres to the Grand-Huit chairlift.*
  Another couloir begins a short way above the first. To reach it, walk up another 50 m, past a small mound, easily visible from the top of the chairlift. Being longer, steeper, narrower, and above all less crowded, it is well worth the extra effort.

Merle Blanc chairlift	
300 m	north
difficult	quite exposed
all winter	for experts
avalanche	10 mn's walk

GPS	Altitude	Latitude N	Longitude E
ENTRANCE TO THE COULOIR	2735 m	N 45°27'45,9"	E 6°52'20,2"

VERS CHAMPAGNY

43

La plus belle traversée inter-stations de la région. Plus de cinquante kilomètres de ski-découverte. Elle se fait dans la journée. Il faut prévoir un taxi pour le retour.

- **Itinéraire :** depuis le sommet du téléski, continuer tout droit en montant quelques mètres pour franchir le Col de la Croix des Frêtes. On trouve alors sur la gauche les pentes sud qui font face à la Grande Casse.
  Par une succession de longues traversées vers la droite, on atteint le haut d'une large combe dont la rive gauche est surmontée d'une croix, la Combe de la Croix. Il faut l'emprunter jusqu'au moment où elle s'élargit. Prendre alors en traversée vers la droite, traversée assez raide au début. On rejoint ainsi une route d'alpage d'été que l'on devine plus ou moins bien selon l'enneigement et qu'il faut suivre sur 400 ou 500 m pour atteindre les dernières pentes. Celles-ci orientées à l'ouest, mènent au village du Laissonnay. Elles sont souvent pénibles en raison des vieilles coulées qu'il faut traverser.

téléski du Col du Palet	
1200 m	sud
peu difficile	engagé
printemps	déconseillé, trop de traversées
avalanches	complexe; longues traversées

GPS	Altitude	Latitude N	Longitude E
COL	2683 m	N 45°27'14,3"	E 6°51'43,0"
LE GRAND CHANTON	2473 m	N 45°26'43,0"	E 6°50'52,3"
COMBE CROIX DES ECURIES	2225 m	N 45°26'11,0"	E 6°48'55,7"
BAS DE LA COMBE	2034 m	N 45°25'56,4"	E 6°48'48,3"
COMBE DE LA LOUZA	1843 m	N 45°26'20,0"	E 6°47'35,5"
LE LAISONNEY	1577 m	N 45°26'55,2"	E 6°46'51,1"

Depuis le Laissonnay, il faut rejoindre le village du Bois en poussant sur les bâtons (20 mn environ). Là, on prend un taxi vers Champagny-le-Bas pour rejoindre les remontées mécaniques vers la Plagne/ Montchavin ou les Arcs/Villaroger, au choix. Le retour vers Tignes ou Val d'Isère se fait en taxi depuis ces stations.

TOWARD CHAMPAGNY

The best and most popular traverse between resorts in the whole region, it means a whole day trip covering over 50 km. Return by taxi.

- **Route :** *From the top of the lift, walk straight up for a few metres and get over the Croix des Frêtes Col. On the left, you find to the south-facing slopes opposite the Grande Casse .*
  After several long traverses to the right, you get to the top of a wide gully with a cross above the left-hand bank, the Combe de la Croix. Follow

Col du Palet lift	
1200 m	*south*
not difficult	*exposed*
spring	*not frankly enjoyable: too many traversing runs*
avalanche	*complicated, long traverses*

GPS	Altitude	Latitude N	Longitude E
COL	2683 m	N 45°27'14,3"	E 6°51'43,0"
"LE GRAND CHANTON"	2473 m	N 45°26'43,0"	E 6°50'52,3"
"CROIX DES ECURIES" BOWL	2225 m	N 45°26'11,0"	E 6°48'55,7"
BOTTOM OF THE BOWL	2034 m	N 45°25'56,4"	E 6°48'48,3"
"LA LOUZA" BOWL	1843 m	N 45°26'20,0"	E 6°47'35,5"
"LE LAISONNEY"	1577 m	N 45°26'55,2"	E 6°46'51,1"

it until it gets wider, then traverse a steep slope to the right. You then join a summer pasture road which is more or less visible, depending on the snow cover. Follow it for 400 m to 500 m. The descent ends on west-facing slopes leading to a village called Laissonnay. They are often uneasy to ski because of ancient snowslide which you must cross over. From Laissonnay, you have to push on your poles for about 20 mn to get to the village of Les Bois. There, take a taxi to Champagny-le-Bas and catch the lifts either for La Plagne/Montchavin or for Les Arcs/ Villaroger. Take a taxi from these resorts to get back to Tignes or Val d'Isère.

L'ARRIERE DES CAMPANULES

Cette pente un peu courte mais facile d'accès est un moyen agréable de rejoindre Tignes depuis Val d'Isère. L'exposition au sud-ouest implique toutefois une grande prudence, les coulées étant fréquentes au printemps, l'après-midi. On préférera faire cette descente le matin, après une chute de neige fraîche en hiver, ou sur la neige transformée au printemps.

- **Itinéraire :** depuis le sommet de Tovière, prendre le début des pistes face au sud sur une cinquantaine de mètres, jusqu'au virage vers la droite que prennent les pistes qui mènent vers Tignes. Au lieu de prendre ce virage, on franchit le petit col avant de poursuivre tout droit en traversée. On atteint ainsi un large plan sur lequel on peut descendre à volonté. Il n'y a aucune difficulté particulière, en dehors de la qualité de la neige, pas toujours assurée sur ce versant. On rejoint un peu plus bas la piste du Génépy qui mène vers Val Claret.

	toutes remontées de Tovière		
	600 m, dont 400 m hors-pistes		sud-ouest
	peu difficile		assez engagé
	tout l'hiver		très bien
	coulées		évident

GPS	Altitude	Latitude N	Longitude E
PETIT COL	2642 m	N 45°27'14,8"	E 6°55'17,6"
PISTE GENEPY	2297 m	N 45°26'58,1"	E 6°54'37,8"

THE BACK OF THE CAMPANULES

This short accessible slope is a pleasant way to get to Tignes from Val d'Isère. The slope is southwest facing which means you should watch out for frequent snowslide in spring afternoons. You will appreciate it most in the morning, after a fresh snowfall in winter or in transformed snow in spring.

- **Route :** *at the top of Tovière, take the south-facing pistes on about 50 m, to a right-hand bend where the pistes go off towards Tignes. Instead of taking this bend, go over a little col and traverse straight on. You come to a large open area which you can ski down anywhere. There are no special difficulties except perhaps the quality of the snowpack, not always reliable on that side. Lower down, you join the Genepy piste which leads to Val Claret.*

all the Tovière lifts

600 m, including 400 m off-piste	*southwest*
not difficult	*quite exposed*
all winter	*very good*
snowslide	*obvious*

GPS	Altitude	Latitude N	Longitude E
LITTLE COL	2642 m	N 45°27'14,8"	E 6°55'17,6"
THE GENEPY PISTE	2297 m	N 45°26'58,1"	E 6°54'37,8"

LES CRÊTES DU GENEPY

On trouve là, un autre passage de Val d'Isère vers Tignes. La descente, très courte, peut valoir parfois la peine.

- **Itinéraire :** au sommet du télésiège de Borsat Express, prendre à droite face à l'ouest. Il faut monter à pied sur 50 m environ pour atteindre la crête sur laquelle on peut poursuivre à son gré vers la gauche. La descente ne pose pas de problème particulier, la pente allant en s'adoucissant vers la piste du Génépy.

télésiège de Borsat	
300 m	nord
difficile	peu engagé
tout l'hiver	très bien
coulées, risques de dévissage sur neige dure	montée à pied 10 mn

GPS	Altitude	Latitude N	Longitude E
HAUT DES GRDES PENTES	2801 m	N 45°25'57,5"	E 6°55'24,4"
PISTE GENEPY	2529 m	N 45°26'18,8"	E 6°55'10,7"

THE GENEPY RIDGE

This is another off-piste access from Val d'Isère to Tignes via the Borsat-Express chairlift. The descent is quite short but very worthwhile.

- **Route :** *From the top of the Borsat Express, head uphill to the right (westwards) for about 50 m until you reach the ridge, which you can follow to the left at your convenience. The descent offers no striking difficulty and it becomes gradually shallower as you approach the Genepy piste.*

Borsat chairlift	
300 m	north
difficult	not exposed
all winter	very good
snowslide, sliding if hard snowpack	10 mn's walk uphill

GPS	Altitude	Latitude N	Longitude E
TOP OF THE LARGE SLOPES	2801 m	N 45°25'57,5"	E 6°55'24,4"
GENEPY RUN	2529 m	N 45°26'18,8"	E 6°55'10,7"

GRANDE MOTTE

TIGNES

LE COULOIR DE LA PETITE BALME

Un moyen original pour redescendre de la Grande Motte. Attention, car l'itinéraire, sans être complexe, ne permet pas l'erreur. Il faut éviter ce parcours par temps incertain, le brouillard pouvant s'avérer mortel.

- **Itinéraire :** (photo 28) depuis le funiculaire, suivre la piste jusqu'à l'intermédiaire du télésiège. Prendre la piste Double M, et au premier grand virage à gauche continuer tout droit vers une large combe presque horizontale en direction du nord. On trouve bientôt sur la gauche un petit col ouvert à l'ouest, par lequel il est facile de rejoindre la piste. La neige n'est pas toujours bonne sur ce versant. Il faut donc profiter de l'élan pour passer de l'autre côté du col. En marchant plein nord sur une cinquantaine de mètres, toujours sur la gauche, près d'une pointe rocheuse bien visible, on trouve un premier couloir pentu et très étroit qui mène, lui aussi, vers la piste du Double M.
  Pour atteindre le couloir de la Petite Balme, poursuivre la marche vers le nord jusqu'à la limite du massif. Il faut éviter de se laisser dériver vers la droite bien que la pente soit tentante, car elle n'a aucune issue. Après avoir franchi un petit remblai donnant sur une cuvette, on distingue nettement

Funiculaire de la Grande Motte	
900 m, dont 700 m de hors-pistes	nord
assez difficile	engagé
tout l'hiver	pour les très bons, habitués des couloirs
avalanches; dévissage	peu évident. Attention au brouillard

GPS	Altitude	Latitude N	Longitude E
ENTREE COMBE	2692 m	N 45°26'15,0"	E 6°54'20,2"
ENTREE COULOIR	2534 m	N 45°26'39,7"	E 6°54'12,2"
GROS BLOC	2190 m	N 45°26'59,9"	E 6°54'18,1"

le départ du couloir de la Petite Balme, dans un creux bordé de gros blocs rocheux, à 90° sur la droite (photo 28). Assez raide dans sa partie supérieure, la pente s'adoucit rapidement pour rejoindre le bas de la piste du Génépy.

THE PETITE BALME COULOIR

This is an unusual way of coming down the Grande Motte. Be careful because the route, although not complex, will not allow the smallest error. This run must be avoided in unreliable weather as fog could prove deadly.

- ***Route :*** *(photo 28) from the Grande Motte funicular lift, follow the piste down to the chairlift mid-station. Take the Double M piste, and at the first bend to the left, continue straight on (northwards) to a wide almost horizontal bowl. Shortly after, you come to a small col opening to the west, from which you can join the piste. The snow isn't always good on this aspect, so gather speed to cross to the other side of the col. Walking due north for fifty metres, you will find a first steep, narrow couloir on the*

Grande Motte funicular lift	
900 m, including 700 m off-piste	*north*
quite difficult	*exposed*
all winter	*for expert couloir riders*
avalanche and risk of sliding	*not obvious. Dangerous in fog*

GPS	*Altitude*	*Latitude N*	*Longitude E*
ENTRANCE TO THE BOWL	*2692 m*	*N 45°26'15,0"*	*E 6°54'20,2"*
ENTRANCE TO THE COULOIR	*2534 m*	*N 45°26'39,7"*	*E 6°54'12,2"*
BIG BOULDER	*2190 m*	*N 45°26'59,9"*	*E 6°54'18,1"*

left, next to a prominent rocky point. This also leads back to the Double M piste. To reach the Couloir de la Petite Balme, keep walking north to the end of the range. Avoid drifting right even if the slope is tempting, because there is absolutely no exit. After having crossed a small rampart overlooking a large basin, you will easily find the start of the Petite Balme couloir at 90° on the right, a bowl bordered with big boulders, (photo 20). Quite steep at first, the slope eases off soon before joining the bottom of the Genepy piste.

47

LA LANGUE DU GLACIER

Spectaculaire, avec la quasi certitude d'être aperçu par toute la famille depuis la piste, cette descente ne présente pas finalement de si grandes difficultés. Si la pente est vraiment forte, par contre la largeur inhabituelle permet le choix de la meilleure trace. En cas de dévissage, la réception est confortable. Se méfier des coulées toujours possibles, particulièrement en début de saison, lorsque le manteau neigeux adhère mal à la glace. La traversée de la barrière rocheuse située en contrebas est plus délicate, surtout par faible enneigement.

- **Itinéraire :** (photo 28) à partir de l'arrivée du Funiculaire, prendre la piste de la Face, puis la quitter vers la gauche en descendant, après avoir traversé les remontées du Double Plan. Continuer la descente sur le glacier en prenant complètement sur la gauche. A la hauteur du départ des téléskis, que l'on ne distingue plus sur la droite, la pente s'incurve progressivement jusqu'à devenir très forte. Parvenu au bas de la langue, prendre à droite dans une sorte de goulet parsemé de rochers.
  Les passages sont souvent difficiles lorsque l'enneigement est insuffisant. Il faut parfois prendre complètement en traversée vers la droite, dans un équilibre précaire, pour pouvoir rejoindre la piste.

Funiculaire de la Grande Motte	
350 m	nord
difficile. Pente: 35° à 45°	peu engagé
printemps	déconseillé (rochers)
s'assurer de la stabilité du manteau neigeux	évident

GPS	Altitude	Latitude N	Longitude E
HAUT DE LA LANGUE	2767 m	N 45°26'00,6"	E 6°53'25,3"
ENTREE COULOIR	2598 m	N 45°26'05,7"	E 6°53'41,6"

THE TONGUE OF THE GLACIER

A spectacular run, with the assurance that all the family can spot you from the piste, it is in fact not as difficult as it looks. The slope may be very steep but it is also very wide so there is plenty of space to find fresh snow to make your own tracks. In case you fall and slide, the landing will be relatively comfortable. Watch out for snowslide which is always possible at the beginning of the season when the snowpack is not cohesive with the ice beneath. Crossing over the rock face below is a bit more tricky, especially when there is little snow.

- ***Route :*** *(photo 28) take the piste de la Face from the top of the funicular lift. Having crossed the Double Plan lifts, leave the piste, going left. Carry on down the glacier, well on the left-hand side. At the level of the start of the ski lifts, which you can no longer make out on the right, the slope gradually becomes steeper until it is very abrupt. At the bottom of the tongue of the glacier, go right into a sort of rock-strewn gully. This can be tricky if there isn't enough snow.*
  It is sometimes necessary to traverse completely to the right, keeping a difficult balance, to get back to the piste.

Grande Motte funicular lift	
350 m	north
difficult. 35° to 45° slope	not exposed
spring	not advisable, many rocks to avoid at bottom
make sure the snow cover is stable	obvious

GPS	Altitude	Latitude N	Longitude E
TOP OF THE GLACIER TONGUE	2767 m	N 45°26'00,6"	E 6°53'25,3"
ENTRANCE TO THE COULOIR	2598 m	N 45°26'05,7"	E 6°53'41,6"

LES COULOIRS DE LA GRANDE BALME

Spectaculaires et fréquentés seulement par quelques connaisseurs, ces trois couloirs plairont aux amateurs d'émotions fortes. Se méfier terriblement de la qualité de la neige qui ne demande qu'à dévaler sur ces pentes abruptes exposées au soleil du matin.

- **Itinéraire :** depuis le funiculaire, procéder comme pour le Tour de la Grande Balme. Une fois sous le Dôme de Pramecou, il faut descendre à droite la belle pente nord qui mène au fond d'un grand cirque. Suivre ce dernier sur son bord droit, en direction du sommet de la Grande Balme. Tout de suite on trouve le premier couloir, puis le second cinquante mètres plus loin, et enfin le troisième. Celui-ci est souvent le plus accessible par enneigement moyen (photo 29). Au bas des couloirs, on peut rejoindre directement la piste qui descend de la Grande Motte, ou bien rester sur la gauche pour skier les pentes Est qui mènent à la piste dans sa partie basse sous le sommet de la Grande Balme.

Funiculaire de la Grande Motte

900 m, dont 250 m de couloir	est
très difficile: 40° à 45°	engagé
à partir de février, selon l'enneigement	pour les très bons seulement
coulées, dévissage	peu complexe

GPS	Altitude	Latitude N	Longitude E
COULOIR 1			
PASSAGE DE LA GDE BALME	2896 m	N 45°26'02,2"	E 6°53'05,6"
ENTREE COULOIR	2677 m	N 45°26'16,4"	E 6°53'23,1"
COULOIR 2			
ENTREE COULOIR	2649 m	N 45°26'21,2"	E 6°53'21,2"
COULOIR 3			
ENTREE COULOIR	2677 m	N 45°26'25,5"	E 6°53'17,7"

Photo 29 : Grande Motte, les couloirs de la Grande Balme

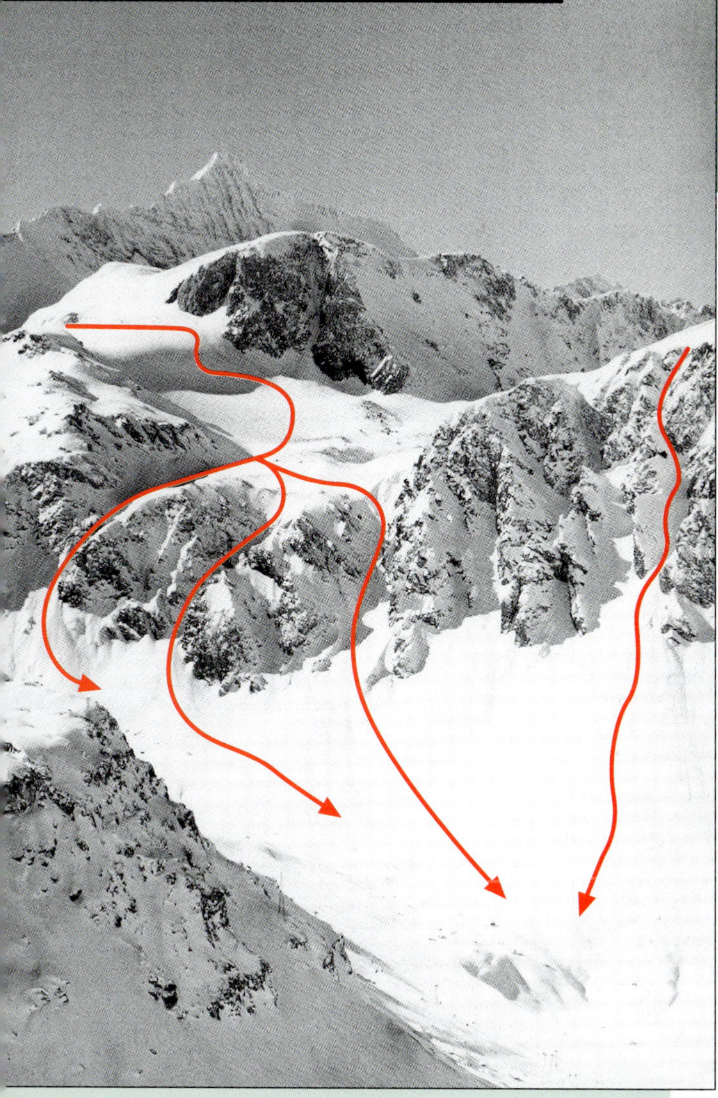

THE GRANDE BALME COULOIRS

These three spectacular couloirs are only skied by experts and real thrill-seekers. Be terribly careful about the quality of the snowpack, which has a strong tendency to slide down these steep slopes which get the sun first thing in the morning.

- **Route :** *from the top of the funicular lift go as for the Tour de la Grande Balme. Once below the Dôme de Pramecou , you have to ski down to the right on a beautiful north-facing slope which leads to the bottom of a large amphitheatre. Go along its right side towards the top of the Grande Balme. You immediately come across the first couloir, and the second one 50 m further and finally the third one. This last one is usually the best if the snow cover is poor (photo 29). At the bottom of the couloirs you can get straight onto the piste which goes down to the Grand Motte. Otherwise you can stay left and ski the eastern slopes which lead to the lower part of the piste below the summit of the Grande Balme.*

Grande Motte funicular lift	
900 m, including 250 m couloir	*east*
very difficult: 40° to 45°	*exposed*
from February onwards, depending on snow cover	*only for experts*
snowslide, sliding	*not complicated*

GPS	Altitude	Latitude N	Longitude E
COULOIR 1			
LA GD BALME ACCESS	2896 m	N 45°26'02,2"	E 6°53'05,6"
ENTRANCE TO THE COULOIR	2677 m	N 45°26'16,4"	E 6°53'23,1"
COULOIR 2			
ENTRANCE TO THE COULOIR	2649 m	N 45°26'21,2"	E 6°53'21,2"
COULOIR 3			
ENTRANCE TO THE COULOIR	2677 m	N 45°26'25,5"	E 6°53'17,7"

LE TOUR DE LA GRANDE BALME

Moins spectaculaire et moins technique que la face Nord du Glacier, cette descente, appelée parfois Tour de Pramecou, est néanmoins très belle. L'environnement, assez loin des pistes balisées, est superbe. Sur la fin, la technique retrouve ses droits avec un mur large mais pentu.

- **Itinéraire :** (photo 30) depuis l'arrivée du funiculaire, prendre vers l'altiport, et le traverser en visant l'extrémité est du Dôme de Pramecou. Il faut terminer le faux plat en pas de patineur si la neige est dure, et en faisant péniblement sa trace dans le cas contraire. S'engager ensuite dans le Passage de la Grande Balme qui longe le Dôme de Pramecou, en direction du nord-ouest. On parvient alors dans une large cuvette qui permet de faire quelques traces au prix d'une petite remontée. Les paresseux resteront en traversée avant d'obliquer vers la droite pour rejoindre un court faux plat et une désagréable montée en escalier.

Départ	Funiculaire de la Grande Motte		
Dénivelé	900 m	Orientation	nord
Difficulté	assez difficile	Engagement	assez engagé
Période	tout l'hiver	Conseil	gardez précieusement l'élan, ou faites vous remorquer
Danger		Itinéraire	rester prudent

GPS	Altitude	Latitude N	Longitude E
PASSAGE DE LA GDE BALME	2896 m	N 45°26'02,2"	E 6°53'05,6"
MORAINE	2800 m	N 45°26'14,7"	E 6°52'45,9"
BOUT DU PLAT	2639 m	N 45°26'40,8"	E 6°52'46,0"
PISTE DES VES	2505 m	N 45°26'52,6"	E 6°52'26,2"
VARIANTE			
HAUT GRANDES PENTES	2562 m	N 45°26'45,4"	E 6°53'08,2"

On peut alors continuer loin vers la gauche pour rejoindre les pentes qui surplombent la piste des Vès. On préférera continuer dans l'axe, face au nord dans une belle combe qui longe la Grande Balme. On contourne celle-ci par une traversée vers la droite facile à trouver qui mène vers un grand plan large et pentu (maxi 35°). La descente jusqu'à la piste Carline ne présente pas de difficultés particulières. La neige tient en général assez bien sur cette pente, mais peut être dangereuse après une chute de neige, particulièrement si le vent a soufflé.

THE TOUR OF THE GRANDE BALME

Sometimes called Tour de Pramecou, it is less spectacular and not as technical as the previous route, but nonetheless very beautiful. The environment is superb, way away from the pistes. There is a more technical part towards the end down a wide but very steep wall.

Grande Motte funicular lift	
900 m	*north*
quite difficult	*quite exposed*
all winter	*keep up your momentum, or get someone to pull you*
	no problem but still be careful

GPS	Altitude	Latitude N	Longitude E
GDE BALME ACCESS	2896 m	N 45°26'02,2"	E 6°53'05,6"
MORAINE	2800 m	N 45°26'14,7"	E 6°52'45,9"
END OF THE FLAT SECTION	2639 m	N 45°26'40,8"	E 6°52'46,0"
PISTE DES VES	2505 m	N 45°26'52,6"	E 6°52'26,2"
VARIANTE			
TOP OF THE LARGE SLOPES	2562 m	N 45°26'45,4"	E 6°53'08,2"

?hoto 30 : Grande Motte, 1. le Grand Couloir
?. Tour de la Grande Balme - 3. la Face Nord de Pramecou

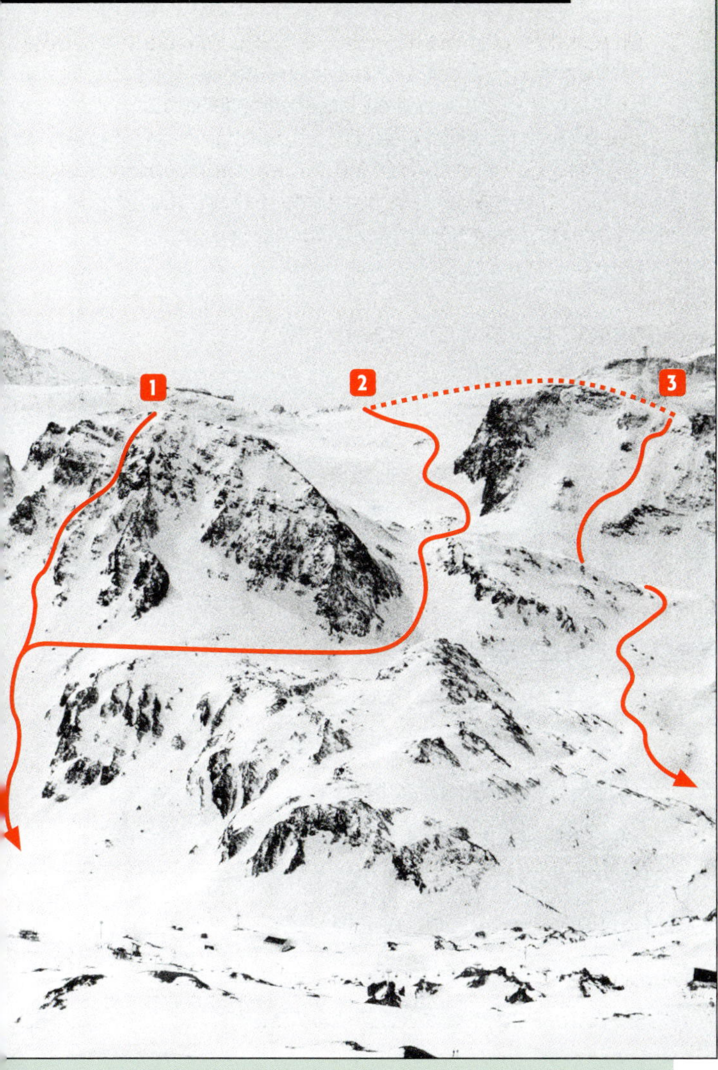

- ***Route :*** *(photo 30) go towards the altiport from the top of the funicular lift and traverse towards the far end of the Dôme de Pramecou. If the snow is hard you can skate to the end of the level area, if it is soft you just have to plough your way through. Then, head to the northwest on the Passage de la Grande Balme, which runs along the Dôme de Pramecou. You come to a large basin which gives you a chance to make a few tracks at the price of a short walk back up. The lazy ones will continue traversing before turning diagonally to the right towards a short level area and a rather unenjoyable stepping up.*
  From this point you can choose to go far left to the slopes above the Vès piste. But it is better to continue northwards along the same line, down a nice bowl alongside the Grande Balme, which you go around on an easily found traverse to the right leading to a big wide steep slope (maxi 35°). The descent to the Carline piste is straightforward. The snowpack is usually stable here but there could be some danger after snowfall, especially if the wind has blown (risk of windslab).

LA FACE NORD DE PRAMECOU

Peut-être la plus belle face Nord de l'Espace Killy (photo 31). Lapproche est grandiose, face à la Grand Casse, et le début de la descente impressionnant. La neige est le plus souvent bonne, mais on se méfiera des risques de coulées. Bonne réserve de poudreuse en fin de saison. Il est prévu à l'avenir un télécabine qui mènera au sommet du Dôme. Cette descente ne risque pourtant pas de devenir une piste balisée ... Tout au plus une classique.

- **Itinéraire :** à partir de l'arrivée du Funiculaire, prendre vers l'altiport, et le traverser en visant l'extrémité est du Dôme de Pramecou. Parvenu à cet endroit, monter face à l'ouest vers le Col de Pramecou. Une corniche gêne parfois la progression, et il peut être utile de s'encorder pour la franchir. Les peaux de phoque seront appréciées pour la contourner. Une fois au sommet du col, tourner à droite. Le passage vers le bon couloir n'est pas facile à trouver. Il faut se diriger vers le nord jusqu'à l'endroit situé entre le Dôme de Pramecou et la Pointe de Pramecou qui forme une déclivité, comme une sorte de petit col. Le passage se trouve à l'endroit le plus bas. Là encore une corniche assez haute peut obstruer le passage, et la corde peut de nouveau être utile. Une fois dans le couloir, la

Funiculaire de la Grande Motte	
950 m; 300 m de couloir	nord
très difficile. Pente jusqu'à 45°	engagé
tout l'hiver selon l'enneigement	virtuoses seulement: montée, corniche et mur
avalanches après les chutes de neige	15 mn de marche. Corniches. Corde utile, parfois indispensable

GPS	Altitude	Latitude N	Longitude E
DEBUT MONTEE	2891 m	N 45°25'54,3"	E 6°53'05,0"
ENTREE FACE NORD	3034 m	N 45°26'05,5"	E 6°52'40,3"

descente s'effectue avec les précautions d'usage, en prenant garde de ne pas déclencher de coulées sur les skieurs situés en contrebas. Rejoindre ensuite l'itinéraire du tour de la Grande Balme (photo 30) qui passe juste en dessous, en affrontant le regard jaloux des skieurs ordinaires.

THE NORTH FACE OF PRAMECOU

This may be the most beautiful north face in the whole Espace Killly (photo 31). The approach is magnificent, opposite the Grand Casse, and the first part of the descent is very spectacular. The snow is usually very good, but watch out for snowslide. There is often excellent powder in store at the end of the season. A cable car might be built to the top of the Dôme, but this descent will never become a piste ... just maybe a classic.

- **Route :** *from the top of the funicular lift, go to the altiport and cross it, in the direction of the eastern extremity of the Dôme de Pramecou. Once there, climb westwards to the Col de Pramecou. A cornice often makes the progress difficult or dangerous and it may be useful to rope up at this point. Sealskins can be useful to go around it. At the top of*

Grande Motte funicular lift	
950 m, including 300 m couloir	*north*
very difficult. Up to 45° slope	*exposed*
spring	*virtuosos only: climb, cornice and wall*
avalanche after snowfall	*15 mn walk. Cornices. Rope useful, sometimes necessary*

GPS	Altitude	Latitude N	Longitude E
BEGINNING OF THE CLIMB	2891 m	N 45°25'54,3"	E 6°53'05,0"
NORTH FACE ACCESS	3034 m	N 45°26'05,5"	E 6°52'40,3"

hoto 31 : Grande Motte, face Nord de Pramecou

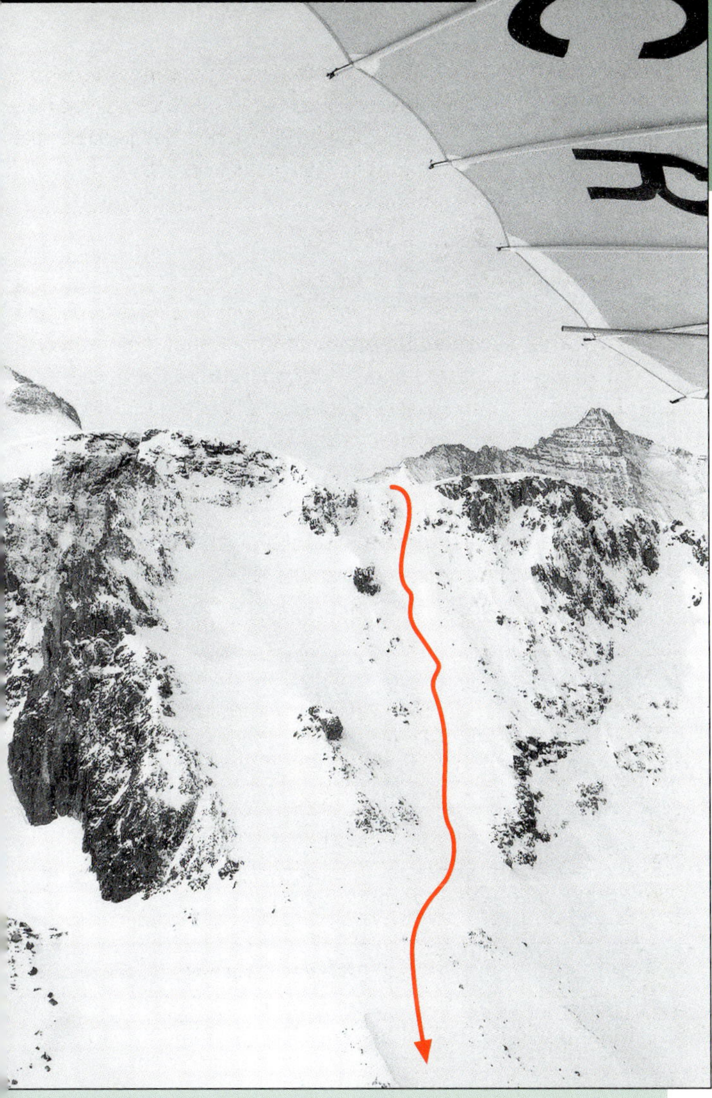

the col, go to the right . The passage to the correct couloir is not easy to find. You have to go north to an area between the Dôme de Pramecou and the Pointe de Pramecou , where you see a sort of dip, like a little col. The passage is at the lowest point. Another fairly big cornice may block the way, and the rope can be used again. Once in the couloir, ski down taking the usual precautions, and making sure you don't set off a snowslide onto skiers below. Then, join up with the Tour of the Grande Balme route, just below (photo 30), under the jealous gaze of the less adventurous off-piste skiers.

LA FACE NORD DU GLACIER DE LA GRANDE MOTTE

Facile initiation au ski de glacier et à la haute montagne, cet itinéraire très court n'en présente pas moins des dangers réels. Les crevasses sont bien présentes et pas toujours visibles. On appréciera la beauté du spectacle.

- **Itinéraire :** monter légèrement au-dessus de la sortie du téléphérique pour prendre ensuite en traversée vers l'ouest. Aller vers le Petit Dôme marqué par une barre rocheuse situé à environ cent mètres.
  Avant les premiers séracs qui le bordent, on peut commencer une descente prudente du glacier, sur une centaine de mètres. Lorsqu'on atteint le bas des séracs précédents, il faut revenir nettement vers la gauche pour éviter les crevasses situées à droite. On progresse ainsi jusqu'à se trouver presque sous la partie est de la paroi triangulaire du Dôme avant de poursuivre la descente verticalement. Arrivée à la hauteur du départ du téléphérique, il faut revenir en légère traversée sur la droite pour rejoindre le faux plat qui mène vers les remontées; cette marche peut s'avérer pénible, et les peaux de phoque peuvent être utiles. Attention, d'une année à l'autre le glacier se déplace, modifiant l'emplacement des crevasses

téléphérique de la Grande Motte	
400 m	nord
assez difficile	engagé
printemps	technique parfaite indispensable. Montée sur la fin
crevasses	grand beau seulement

GPS	Altitude	Latitude N	Longitude E
MILIEU COMBE	3423 m	N 45°24′49,5″	E 6°52′20,9″
HAUT PENTE RAIDE	3294 m	N 45°24′56,9″	E 6°52′32,4″
FIN DE LA TRAVERSEE	3070 m	N 45°25′07,9″	E 6°52′48,2″
PISTE DESCENTE	2952 m	N 45°25′23,7″	E 6°53′03,4″

et l'itinéraire. On évitera donc de faire ce trajet sans guide ou sans avoir parfaitement visualisé le parcours auparavant.

THE NORTH FACE OF THE GRANDE MOTTE GLACIER

This short run is a good place to learn about skiing on glaciers, in the high mountains. It is not difficult but there are crevasses and these are not always visible. You will appreciate the stunning view.

- ***Route :*** *at the top of the cable car, climb a little above the exit then traverse westwards. Go towards the Petit Dôme, marked by a small rockface, about 100 m away. Before the first seracs on the side of the rocks, you can start skiing carefully down the glacier for about 100 m. When you get to the end of the seracs, come back to the right to avoid the crevasses on the right. Continue this way until you are nearly below the east end of the triangular face of the Dôme, then continue vertically from here. Once level with the start of the cable car, traverse slightly to*

Grande Motte cable car	
400 m	north
quite difficult	exposed
spring	perfect technique essential. Climb at end
crevasses	only in perfect weather

GPS	Altitude	Latitude N	Longitude E
MIDDLE OF THE BOWL	3423 m	N 45°24'49,5"	E 6°52'20,9"
TOP OF THE STEEP SLOPE	3294 m	N 45°24'56,9"	E 6°52'32,4"
END OF THE TRAVERSE	3070 m	N 45°25'07,9"	E 6°52'48,2"
PISTE	2952 m	N 45°25'23,7"	E 6°53'03,4"

the right towards the flat part leading to the lifts. This can be rather tiring and sealskins may be useful. Be aware that the glacier moves constantly and changes from year to year. The crevasses will therefore change places too. It is strongly recommended to hire a mountain-guide unless you have made perfectly sure of the route beforehand.

LE COULOIR SUD DE LA GRANDE MOTTE

Un peu au-delà des limites de ce livre, cette descente est plus proche de la randonnée à ski que du hors-pistes proprement dit. Nous l'avons cependant mentionnée, tout comme le Col du Montet à Val d'Isère compte tenu de la proximité des pistes et de sa relative facilité d'accès.

- Itinéraire : depuis le sommet du téléphérique de la Grande Motte, se diriger plein sud, en traversée vers une petite échancrure de l'arête est de la Grande Motte. De là, on domine le vallon de la Leisse, au fond duquel on peut voir le refuge, 1000 mètres en contrebas. L'accès au couloir est parfois possible à skis, mais très souvent il faut mettre une corde sur 30 mètres environ. La descente est partagée en deux étages. La première partie, un couloir assez large dans le haut et très large dans le bas, avec une pente moyenne de 40°, mène sur un replat (cote 2900 m). Il faut le prendre par la gauche pour trouver un deuxième couloir qui conduit au petit barrage du Plan des Nettes. Il faut alors mettre les peaux de phoque pour remonter vers le télésiège de la Leisse. Compter trois quarts d'heure de marche environ.

téléphérique de la Grande Motte	
900 m	sud
difficile	très engagé
printemps	non
avalanches, dévissage	peu complexe; corde indispensable; 45 mn de peaux de phoque pour finir

GPS	Altitude	Latitude N	Longitude E
ENTREE COULOIR	3393 m	N 45°24'39,0"	E 6°52'38,0"
ENTREE 2eme COULOIR	2854 m	N 45°24'17,9"	E 6°53'01,4"
BARRAGE	2575 m	N 45°24'08,3"	E 6°53'13,0"
TOURNER A GAUCHE	2630 m	N 45°24'35,0"	E 6°54'03,6"
TELESIEGE DE LA LEISSE	2745 m	N 45°25'09,1"	E 6°53'55,1"

THE SOUTH COULOIR OF THE GRANDE MOTTE

This run is in fact more akin to ski-touring than off-piste skiing, so it is somewhat outside the limits of this book. We nevertheless mention it, like the Col du Montet in Val d'Isère, because of its proximity to the pistes and its relatively easy access.

- ***Route :*** *from the top of the Grande Motte cable car, go due south. Traverse towards a kind of big notch in the east ridge of the Grande Motte. From here, you overlook the Vallon de la Leisse, with the hut at the bottom, 1000 m below. You can sometimes ski directly into the couloir, but you usually have to use a 30 m rope. The descent is divided into two stages. The first part is a fairly wide couloir at the top which gets even wider at the bottom. This 40° slope leads to a flat area (altitude 2900 m). Continue on the left to get to a second couloir, leading down to the little Plan des Nettes dam. There, put on the sealskins and walk up to the Leisse chairlift (about 45 mn).*

Grande Motte cable car	
900 m	*south*
difficult	*very exposed*
spring	*not recommended*
avalanche and risk of sliding	*not complicated, rope necessary, 45 mn's climb with sealskins at the end*

GPS	*Altitude*	*Latitude N*	*Longitude E*
ENTRANCE TO THE COULOIR	3393 m	N 45°24'39,0"	E 6°52'38,0"
ENTRANCE 2ND COULOIR	2854 m	N 45°24'17,9"	E 6°53'01,4"
DAM	2575 m	N 45°24'08,3"	E 6°53'13,0"
TURN LEFT END	2630 m	N 45°24'35,0"	E 6°54'03,6"
TELESIEGE DE LA LEISSE	2745 m	N 45°25'09,1"	E 6°53'55,1"

TABLE DES MATIÈRES

VAL D'ISERE

1. MASSIF DE BELLEVARDE

2. MASSIF DE SOLAISE

3. MASSIF DU FORNET

TIGNES

6. MASSIF DES BREVIERES

7. MASSIF DU LAVACHET

8. MASSIF DU VAL CLARET

8. MASSIF DE LA GRANDE MOTTE

LES MOTS DE LA NEIGE

Accumulée .... :neige amassée par le vent
Artificielle .... :neige fabriquée par l'homme
Béton .... :surface très dure mais très lisse
Botte (qui) .... :neige fraîche, humidifiée par le soleil, qui adhère sous les skis ou les chaussures
Brassée .... :vieille neige brassée par les passages répétés de piétons, skieurs, dameuses... inconsistante
Canon (à) .... :neige fabriquée avec un mélange d'eau et d'air sous pression
Cartonnée .... :neige qui forme une croûte mince en surface
Cassante .... :fine pellicule dure de surface qui cède sous le poids du corps
Changeante ...... :neige très irrégulière
Chauffée .... :neige fraîche, ramollie en surface par le soleil
Collante .... :neige saturée d'eau
Compacte .... :neige très dense humide
Corniche (en) ..... :neige accumulée en surplomb derrière une crête
Coton .... :neige poudreuse profonde très légère
Crissante .... :neige très froide, fraîche et damée, qui crisse sous les pas
Croustillante ..... :vieille neige transformée, se brisant en surface
Croûtée .... :neige qui forme une croûte épaisse
Culture (de) ...... :neige non naturelle (avec addition de produit chimique)
Damée .... :neige tassée par le passage d'éléments extérieurs
Dense .... :neige à grains fins très serrés
Douce .... :neige agréable à skier
Dure .... :surface dure mais aérée, neige sèche
Enfonce (qui) ..... :neige profonde, sans consistance

Epaisse .... :neige humide, de plus de 30 cm d'épaisseur
Etoilée .... :neige qui tombe en forme d'étoile, froide et humide : un signe de beau temps dans l'heure qui suit
Farineuse .... :neige en petits grains sans cohésion
Foireuse .... :neige en grains non soudés, comme du sable, sans appui lorsqu'on marche dessus
Fondante .... :neige gelée qui commence à fondre
Fraîche .... :neige qui vient de tomber
Fraisée .... :neige dure brisée artificiellement
Frisette .... :neige soufflée avec de petites alvéoles, légère
Froide .... :neige légère, pas très glissante, en dessous de -10°
Froide (très) .... :neige fraîche, en dessous de -15°, ne glissant pas du tout
Fusée .... :vieille neige, sans cohésion, pleine d'air
Gelée .... :neige de printemps avant le lever du soleil
Givrée .... :surface en forme de cristaux
Glacée .... :surface très dure
Gobelets (en) ..... :neige en gros grains en forme de gobelets, sans cohésion
Gorgée d'eau ..... :neige imprégnée d'eau sous l'effet de la pluie, pesant près de 800 kg au m3
Grainée .... :neige sous forme de toutes petites billes
Granuleuse .... :neige rugueuse en surface
Grésil .... :neige qui tombe sous forme de grains fins
Grisonnante .... :neige fraîche, mais de très faible épaisseur, qui est tombée sur un sol sans neige
Grosse .... :neige très épaisse, en grande quantité
Gros sel .... :vieille neige de printemps, fondue sur quelques centimètres
Humide .... :neige fraîche chauffée par le soleil

Inconsistante ..... :neige sans cohésion
Lissée .... :neige polie par le vent
Lourde .... :neige fraîche profonde très humide
Luisante .... :fine pellicule de glace en suspension sur la neige au printemps
Lustrée .... : neige qui brille en surface
Mate .... :neige humide
Meuble .... :instable
Molle .... :neige ramollie par le soleil
Mouillée .... :neige fondue
Névé (en) .... :vieille neige très dure, de la fin du printemps ou d'été
Nid de poule (en) :vieille neige d'été, percée de trous de la dimension d'un nid de poule par le soleil
Ocre .... :neige saupoudrée de sable sous l'effet du foehn
Ondulée .... :neige soufflée dure, en forme de petites vagues, sans aspérités
Paillettes (en) .... :surface en forme de cristaux soudés
Patins .... :neige humide qui tombe sous forme de gros flocons, juste avant une accalmie
Pénitents (en) .... :vieille neige, sculptée par le soleil en forme de stalagmites
Pistée .... :neige damée par des passages répétés
Plaquée .... :neige qui se détache par plaques, effet du vent
Plâtrée .... :neige fraîche, collante, qui adhère même sur les roches verticales
Plume .... :neige très légère
Polenta .... :neige très humide et brassée
Portante .... :neige croûtée, mais qui supporte le poids d'une personne

Poudreuse .... :neige légère
Pourrie .... :vieille neige de printemps fondue sur toute son épaisseur
Printemps (de) ... :neige fondue, qui a durci sous l'effet du froid, et qui dégèle en surface sous l'effet du soleil
Profonde .... :neige épaisse et assez lourde
Râpée .... :sous l'effet du passage répété des skieurs
Ravinée .... :neige parsemée de petits ruisseaux sous l'effet de la pluie
Récente .... :neige qui est tombé depuis quelques heures
Regelée .... :neige fondue qui regèle en surface
Revenue .... :neige qui commence à dégeler
Rouge .... :neige recouverte d'une algue (protococcus nivalis), qui se développe au contact du froid et de l'humidité
Sale .... :neige qui a perdu sa blancheur
Saupoudrée ...... :petit centimètre de neige fraîche sur un fond dur
Savonneuse ...... :neige fraîche humidifiée et damée
Sèche .... :neige qui est tombée à très basse température
Scintillante .... :cristaux en surface qui brillent au soleil
Serrée .... : neige compactée sous l'effet du vent
Soufflée .... :neige fraîche très serrée
Soufflée dure ..... :neige durcie par un vent très violent
Soufflée lourde .. :neige poudreuse, soufflée et humidifiée par le soleil
Soupe .... :vieille neige de printemps, fondue sur 10 à 20 cm
Souple .... :neige d'une certaine épaisseur, qui amortit bien
Suspension (en) .. :petits cristaux en suspension dans l'air par temps très froid
Terreuse .... :neige saupoudrée de terre par le vent

Tassée .... :neige compactée par son propre poids
Tendre .... :vieille neige ramollie au soleil
Tôlée .... :neige glacée
Tourmentée .... :neige au relief très sculpté par le vent
Traffolée .... :neige fraîche tracée dans tous les sens
Transportée .... :neige déplacée par le vent par exemple
Usée .... :«neige râpée sur les bosses par le vent
Vaguée .... :neige soufflée dure, en forme de vagues très marquées, avec des aspérités
Verglacée .... :neige gelée en surface après la pluie

Notes